RESOLUÇÃO ONLINE DE DISPUTAS

FGV CONHECIMENTO
Centro de Inovação, Administração e Pesquisa do Judiciário

Coordenação
Luis Felipe Salomão

Coordenador adjunto
Elton Leme

Coordenadora-executiva e pesquisadora
Juliana Loss

Pesquisadores
Artur Silva
Fernanda Bragança
José Leovigildo Coelho
Renata Braga

FGV EDITORA

Editora-executiva
Marieta de Moraes Ferreira

JULIANA LOSS
DANIEL ARBIX
Organizadores

RESOLUÇÃO ONLINE DE DISPUTAS

Casos brasileiros

Copyright © 2022 Juliana Loss; Daniel Arbix

FGV EDITORA
Rua Jornalista Orlando Dantas, 9
22231-010 | Rio de Janeiro, RJ | Brasil
Tel.: (21) 3799-4427
editora@fgv.br | pedidoseditora@fgv.br
www.fgv.br/editora

Impresso no Brasil | *Printed in Brazil*

Todos os direitos reservados. A reprodução não autorizada desta publicação, no todo ou em parte, constitui violação do copyright (Lei nº 9.610/98).

Os conceitos emitidos neste livro são de inteira responsabilidade dos autores.

1ª edição: 2022

Preparação de originais: Sandra Frank
Editoração eletrônica: Abreu's System
Revisão: Adriana Alves | Fatima Caroni
Capa: Estúdio 513

Dados Internacionais de Catalogação na Publicação (CIP)
Ficha catalográfica elaborada pela Biblioteca Mario Henrique Simonsen/FGV

> Resolução online de disputas : casos brasileiros / Juliana Loss, Daniel Arbix (orgs.). – Rio de Janeiro : FGV Editora, 2022.
> 184 p.
>
> Inclui bibliografia.
> ISBN: 978-65-5652-134-3
>
> 1. Resolução de disputas online – Brasil. 2. Tecnologia e direito. I. Loss, Juliana. II. Arbix, Daniel. III. Fundação Getulio Vargas.
>
> CDD – 340.02850981

Elaborada por Rafaela Ramos de Moraes – CRB-7/6625

Sumário

Prefácio — 7
Luis Felipe Salomão

Apresentação — 9
Juliana Loss; Daniel Arbix

Economia digital e solução consensual de conflitos — 11
Ana Paula Brandt Dalle Laste; Fernanda Bragança;
Renata Braga

O Mediador — 29
Carlos Savoy

Justto: resolução de disputas baseada em dados — 49
Alexandre Augusto Dias Ramos Huffell Viola

Mapeamento da plataforma Justto — 63
Michelle Marie Morcos

MOL – Mediação online & Itaú-Unibanco: relato de caso vencedor do prêmio do Conselho Nacional de Justiça "Conciliar é Legal" 2018 (categoria mediação extrajudicial) — 67
Melissa Gava

A crise de litigância, a evolução dos meios alternativos
de resolução de conflitos no Brasil e o eConciliar como
ferramenta de auxílio na aplicação da justiça   83
Vicente Martins Prata Braga

Mapeamento da plataforma Mercado Livre   103
Ricardo Lagreca Siqueira

**Consumidor.gov.br: uma plataforma online para resolução
de conflitos de consumo baseada em colaboração,
transparência e competitividade**   111
Lorena Tamanini Rocha Tavares

Mapeamento da plataforma Consumidor.gov.br   135
Luciano Timm; Isabela Maiolino

**O processo de recuperação judicial na sistemática
autocompositiva do CPC/2015: o caso da Oi**   143
César Cury

Mapeamento da plataforma Oi | FGV   163
*Bárbara Bueno Brandão;
Isabel Wanderley da Silveira Maldonado*

Posfácio   169
Carlos Alberto de Salles

Sobre os autores   177

Prefácio

A política de tratamento adequado de conflitos avançou significativamente no Brasil. Desde 2010, marcos normativos como a Resolução nº 125 do Conselho Nacional de Justiça (CNJ), o Código de Processo Civil (Lei nº 13.105/2015) e a Lei de Mediação (Lei nº 13.140/2015) contribuíram para impulsionar a prática do consenso, criando um ambiente de fomento à eficiência do sistema de Justiça.

A conjuntura atual coloca luzes sobre a composição entre as partes em conflito, especialmente com o apoio da tecnologia, que pode proporcionar desde uma comunicação eletrônica até recursos mais sofisticados. Assim, a análise de dados por inteligência artificial e a elaboração automatizada de propostas, por exemplo, são caminhos sem retorno.

As plataformas de solução de conflitos, também conhecidas como *online dispute resolution*, ou simplesmente *ODR*, crescem em todo o mundo e tratam dos mais diferentes tipos de disputas, que incluem questões familiares, administrativas, contratuais, empresariais, com destaque especial para as relações de consumo.

Este livro, organizado por Juliana Loss e Daniel Arbix, reúne as principais plataformas de solução de conflitos do país, tanto na esfera privada quanto na pública. A obra tem abrangência inédita ao reunir artigos de profissionais altamente renomados nessa área e um mapeamento de pontos fundamentais para o desenvolvimento desses sistemas, o que faz desta publicação uma referência ao estudo do tema.

É uma iniciativa valorosa que disponibiliza ao público um conhecimento especializado e corrobora o processo de mudança rumo às soluções extrajudiciais. Trata-se de uma já reconhecida contribuição para a formação jurídica da atualidade.

Boa leitura!

Luis Felipe Salomão
Ministro do Superior Tribunal de Justiça (STJ), professor da Fundação Getulio Vargas e coordenador do Centro de Inovação, Administração e Pesquisa do Judiciário da FGV Conhecimento

Apresentação

O relacionamento entre direito e inovação tecnológica é fascinante e vem arrebatando os olhares dos estudiosos de fenômenos jurídicos há tempos. Mas as novas tecnologias atingiram, nos últimos anos, o âmago dos debates jurídicos: a própria dinâmica da solução de disputas. Tornou-se incontornável, para profissionais jurídicos os mais variados, uma compreensão de base sobre como essas tecnologias transformam a vida dos conflitos.

A ideia de reunir em uma obra algumas das principais iniciativas de solução digital de conflitos no Brasil foi concebida e construída ao longo de pelo menos dois anos e permitiu um panorama sobre o estado da técnica da *online dispute resolution* (ODR) no país.

A necessidade de aprofundamento sobre a ODR constitui uma demanda tanto do setor privado quanto da área pública, dados os desafios colocados pela expansão da internet – comercial, profissional, cultural. O assunto ganhou ainda mais notoriedade em razão das circunstâncias da pandemia, que impulsionou, em definitivo, a opção pela consensualidade entre as partes e por meios ágeis de resolver disputas.

O desafio deste trabalho consiste em reunir, tanto em uma perspectiva teórica quanto prática, algumas das mais importantes plataformas que operam no mercado brasileiro por meio da contribuição dos profissionais que atuaram na própria concepção ou que acompanharam, em um momento posterior, a implantação e/ou desenvolvimento desses sistemas.

O livro propõe um resgate do início da resolução online de conflitos e a relaciona com a dinâmica da sociedade digital e com a economia. Este estudo foi realizado pelas pesquisadoras Ana Paula Brandt Dalle Laste, Fernanda Bragança e Renata Braga.

Esta obra coletiva congrega ainda expoentes da área de ODR, como Carlos Savoy (O Mediador), Vicente Braga (eConciliar), Alexandre Viola e Michelle Morcos (Justto), Ricardo Lagreca (Mercado Livre), Melissa Gava (MOL), Lorena Tavares, Luciano Timm e Isabela Maiolino (Consumidor.gov.br), César Cury (TJRJ), Bárbara Bueno Brandão e Isabel Wanderley da Silveira Maldonado (FGV).

Em razão de sua abrangência, esta obra tem a proposta audaciosa de ser uma referência para o estudo acadêmico, como também para todos os interessados em entender melhor a evolução da utilização da tecnologia no direito com a expectativa de ampliar e aperfeiçoar o acesso à Justiça. Desejamos que ela ilumine caminhos rumo a um maior diálogo e pacificação social.

Juliana Loss
Daniel Arbix

Economia digital e solução consensual de conflitos

Ana Paula Brandt Dalle Laste
Fernanda Bragança
Renata Braga

Introdução

A internet ocasionou a migração das relações comerciais, jurídicas e pessoais para o ambiente digital. Este processo também repercutiu no surgimento de conflitos em uma nova escala, uma vez que a rede possibilitou que essas relações acontecessem de forma mais dinâmica, ou seja, sem limitação de tempo, espaço e sendo possível ocorrer mais de uma ao mesmo tempo.

Hoje, a economia está de tal modo inserida no ambiente digital que processos de compra e venda de produtos e serviços podem ser realizados integralmente pela internet. Na hipótese de um eventual problema nessas transações, a reclamação também pode ser submetida eletronicamente.

Este capítulo tem o objetivo de analisar como a migração dessas relações, particularmente as de cunho econômico, para o espaço virtual repercutiu no aparecimento e crescimento dos meios digitais de solução de conflitos. Nesse sentido, o estudo propõe um aprofundamento sobre as seguintes questões: de que forma é possível perceber essa mudança nas relações econômicas e jurídicas e a preferência cada vez maior pela digitalização? De que maneira isso influenciou para que a solução dos conflitos também passasse a ocorrer online? Como transcorreu a expansão da *online dispute resolution* (ODR) no mundo e qual o cenário no Brasil? A digitalização das relações econômicas não é exatamente uma questão inovadora. Contudo, a partir da crise sanitária provocada pela Covid-19, a operação no ambiente virtual se tornou a única opção para a continuidade de muitos negócios. Essa circunstância acelerou a inserção de empreendedores na internet tendo em vista a manutenção de suas atividades durante os períodos de isolamento social. A pandemia deu um impulso marcante na economia digital e, consequentemente, a tendência é o surgimento de novas plataformas de soluções de conflitos. Por isso, a compreensão a partir dessas indagações é relevante.

A migração das relações para o ambiente digital

Nos últimos anos, as relações sociais sofreram uma mudança paradigmática com a migração para o espaço virtual. Esse movimento aumentou significativamente a quantidade de interações e a rede de relacionamento das pessoas engajadas no ciberespaço, sobretudo a partir da década de 1990, com o maior uso da internet e, consequentemente, com a expansão das possibilidades de comunicação entre indivíduos e grupos.

No início, as pessoas ainda tinham a opção de se manter dissociadas de atividades online. De modo geral, os serviços virtuais eram tidos apenas como uma alternativa e acabavam sendo pouco utilizados porque a internet ainda era pouco difundida, conforme é possível verificar nos gráficos 1 e 2. Essa resistência era motivada pelo fato de que os indivíduos não estavam compelidos a uma vida conectada. Era, de fato, possível separar a vida digital da offline de maneira bastante clara (Katsh e Rabinovich-Einy, 2017:11).

Gráfico 1
Usuários da internet no Brasil (percentual da população): 1990

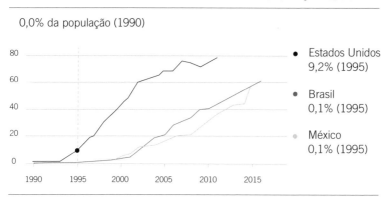

Fonte: Banco Mundial.

Gráfico 2
Usuários da internet no Brasil (percentual da população): 2000

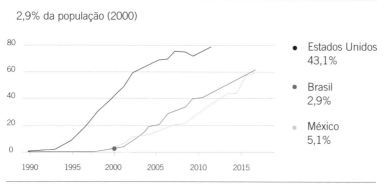

Fonte: Banco Mundial.

Com o passar dos anos, a vida integralmente offline, sem qualquer tipo de registro eletrônico, tornou-se uma opção muito menos realista. A distinção que costumava ser feita entre o "mundo virtual" e o "mundo real" (Bragança e Bragança, 2019:34) perdeu seu significado, visto que é cada vez mais indispensável ter acesso à internet para participar de todos os tipos de atividades pessoais, profissionais e comerciais. Na velocidade com que a tecnologia avança, é razoável cogitar que, em um futuro não muito distante, muito poucas tarefas das nossas rotinas estejam ocorrendo apartadas da web.

Uma percepção dessa inserção das pessoas no ambiente digital ao longo do tempo, por exemplo, pode ser compreendida por meio dos gráficos 3 e 4, que mostram o aumento do uso do internet banking ao longo do tempo.

Gráfico 3
Composição das transações bancárias por canal (2014-2019)

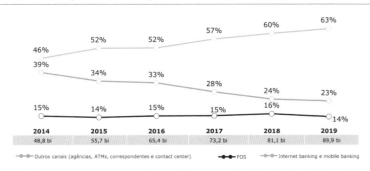

Fonte: Febraban (2020:14).

Gráfico 4
Evolução da movimentação bancária por canais virtuais (2015-2019)

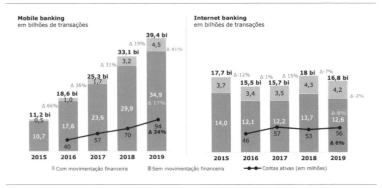

Fonte: Febraban (2020:17).

De modo geral, esse avanço da tecnologia trouxe inúmeras facilidades para nossas vidas e aumentou significativamente as possibilidades de relacionamentos. Conjuntamente, cresceram também as chances de conflitos de todos os tipos.

A expressão "o conflito é uma indústria em crescimento" (Fisher e Ury, 1981:17) foi utilizada pela primeira vez por Roger Fisher e William Ury na década de 1980, e, desde então, o uso de métodos adequados de resolução de controvérsias passou a ser ainda mais incentivado (Katsh e Rabinovich-Einy, 2017:14).

Ethan Katsh e Orna Rabinovich-Einy ressaltam que os tribunais e os meios alternativos no seu formato tradicional não são suficientes para lidar com o volume, a variedade e a natureza das disputas que são decorrentes das atividades que se desenvolvem no ciberespaço. A capacidade do Judiciário é limitada tanto em razão de recursos orçamentários quanto pela quantidade de servidores e magistrados para gerir os processos. Outro agravante desse quadro é a defasagem da legislação em relação às novas tecnologias (Katsh e Rabinovich-Einy, 2017:15). Por tudo isso, a otimização das ferramentas existentes e o planejamento de novas iniciativas são fundamentais e urgentes.

ODR

A ODR significa a incorporação da tecnologia aos meios adequados de solução de conflitos, tais quais a negociação, a conciliação, a mediação e a arbitragem. A ODR, portanto, não corresponde a um método próprio, mas à utilização de ferramentas tecnológicas para apoio nesses procedimentos. Neste capítulo, o foco é o tratamento das disputas na esfera extrajudicial.

Cabe ressalvar que o entendimento que se adota neste trabalho é o mais amplo possível, no sentido de que qualquer facilidade proposta pela tecnologia aos métodos adequados é suficiente para caracterizá-los como ODR e, nesse sentido, estão englobadas a utilização de aplicativos de mensagens instantâneas, videoconferências, troca de correspondências eletrônicas, entre outras possibilidades menos ou mais sofisticadas do ponto de vista tecnológico.

Desse modo, os sistemas de ODR podem ser divididos de acordo com o tipo de comunicação utilizada: síncrona, na qual as partes se comunicam entre si em tempo real; assíncrona, em que a interação é menos direta ou instantânea, por correspondência eletrônica (Mania, 2015); e mista, em que são disponibilizadas ferramentas síncronas e assíncronas.

Nos últimos anos, houve um avanço importante na sofisticação das tecnologias empregadas no âmbito desses sistemas, que se tornam cada dia mais automatizados. Algumas plataformas já contam com o apoio de algoritmos, os quais costumam ser utilizados, sobretudo naqueles casos em que a controvérsia diz respeito à determinação de uma quantia a ser paga (Arsdale, 2015). Eles também auxiliam em contextos de maior complexidade mediante coleta de dados das partes – o que inclui o valor que cada qual está disposto a negociar – e assim calculam as soluções viáveis para o caso.

A inteligência artificial pode oferecer suporte às decisões jurídicas (Carneiro et al., 2014). Esse instrumental tecnológico tem a capacidade de analisar os fatos relevantes descritos pelos envolvidos a partir das normas e das sentenças oriundas dos tribunais formadas a partir de casos análogos.

Nesse sentido, é uma ferramenta particularmente relevante para os processos arbitrais que, em geral, lidam com um ou mais estatutos jurídicos e circunstâncias mais complexas. A noção sobre como o tema (ou uma parte dele) é tratado pelos órgãos jurisdicionais pode auxiliar em alguma medida, ainda que os árbitros não estejam vinculados a esses precedentes. Os advogados também podem ser bastante beneficiados com esse recurso, tendo em vista que sua orientação jurídica pode ficar mais completa e otimizada ao projetar os possíveis cenários caso haja a judicialização do caso.

Evolução do tratamento de conflitos por meio da ODR

A expansão da internet colaborou significativamente para o desenvolvimento do comércio internacional. A Organização para a Cooperação e Desenvolvimento Econômico (OCDE) define o comércio eletrônico como a compra e/ou venda de bens ou serviços via internet efetuada por uma empresa, um indivíduo, uma entidade pública ou privada. A utilização da rede, de fato, se tornou uma ferramenta indispensável para as companhias promoverem suas marcas e distribuírem seus produtos (Draetta, 2002:17-18) em um canal de alcance global e isso também impactou diretamente o tratamento dos problemas e conflitos decorrentes da atividade desenvolvida por essas organizações.

À medida que este setor crescia em escala, rapidamente ficou claro que os problemas emergentes de negócios online não deveriam ser equacionados por meio dos canais offline tradicionais, tanto em razão da dificuldade a que seriam submetidos os clientes com deslocamentos e esperas por atendimentos presenciais quanto em decorrência do volume crescente de demandas. A tecnologia alterou a dinâmica de interação entre as partes e introduziu novas possibilidades de comunicação.

Nesse sentido, o primeiro setor que adotou uma postura proativa em relação à contenção de disputas foi o do comércio eletrônico. Por volta de 1999, o eBay selecionou a empresa SquareTrade para construir um sistema em que os seus usuários pudessem solucionar os problemas originados no site. A premissa era de que essas contendas surgidas por transações online não poderiam ser tratadas por mecanismos tradicionais de resolução de conflitos (Draetta, 2002:10).

Esta iniciativa do eBay teve como principal objetivo o fornecimento de uma estrutura para a comunicação e para o fluxo de informações entre as partes. A plataforma também incorporou muitos elementos da mediação tradicional, como a participação de facilitadores imparciais sem a possibilidade de indução ou sugestão à formação de acordos, bem como custo e tempo atrativos. Posteriormente, o eBay desenvolveu seu próprio sistema de resolução de conflitos.

Em 1998, o Centro de Pesquisa em Direito Público da Universidade de Montreal lançou o Cyber-Tribunal, que oferecia serviços gratuitos – em razão do caráter experimental – de mediação e arbitragem para a solução dos conflitos originados de transações eletrônicas (Gautrais, Benyekhlef e Trudel, 1998).

O Cyber-Tribunal promoveu avanços consideráveis por meio de uma iniciativa paralela de certificação para conquistar mais usuários. A proposta consistia no oferecimento de uma espécie de selo aos comerciantes online que previssem que os conflitos com seus consumidores fossem submetidos a essa instituição. Uma vez feita a adesão, que ocorria mediante o pagamento de uma taxa, a logo da empresa passava a constar no site. O Cyber-Tribunal foi um dos precursores da resolução digital extrajudicial de conflitos.

No âmbito da União Europeia, a primeira plataforma a nível regional foi a Ecodir. O objetivo principal foi disponibilizar um sistema simples, rápido e econômico para o tratamento de conflitos originados de relações de consumo online que envolviam pequenas quantias. Além de um procedimento automatizado, a Ecodir (Ebert, 2017:47) permitia a negociação em um ambiente estruturado.

O projeto foi concebido de forma autônoma em relação aos agentes econômicos justamente para preservar sua autonomia e imparcialidade. As empresas atendiam ao convite dos consumidores e, mesmo não sendo obrigadas a responder, a adesão era alta. Uma das razões que podem explicar esse comportamento colaborativo das organizações é a estratégia de fidelização dos clientes (Sidibe, 2008).

A plataforma propunha um tratamento do conflito em três etapas: negociação, mediação e recomendação. Se a parte adversa não confirmasse seu interesse em uma solução consensual no prazo de sete dias através do preenchimento do cadastro na Ecodir, a presunção de recusa ficava configurada.

Uma vez efetuado o cadastro do reclamado no sistema, o demandante enviava a primeira proposta. Diante disso, a parte reclamada adotava uma das quatro posturas: o aceite da proposta, a continuidade da negociação, o prosseguimento para a mediação ou o encerramento das tratativas (Iavarone-Turcotte, 2012). A plataforma também contava com ajustes automatizados: caso o sistema verificasse que após o cadastro as partes não tiveram qualquer comunicação entre si no prazo de 18 dias, enviava um e-mail automático propondo diretamente a mediação.

Na mediação, um terceiro independente e imparcial era designado para auxiliar as partes a encontrarem uma saída para o problema, considerando os interesses de cada uma. O mediador, após a análise do caso e das informações fornecidas por ambos os lados da disputa, apresentava aos participantes uma proposta de acordo.[1] Essa etapa tinha uma duração máxima de 15 dias.

A utilização da Ecodir dependia basicamente de duas condições cumulativas: uma das partes ser um consumidor e todos os participantes possuírem um e-mail para contato. O funcionamento da plataforma observava o princípio da transparência (Ebert, 2017:50) e respeitava o contraditório, mesmo em se tratando de procedimentos extrajudiciais. A atenção dos desenvolvedores também foi voltada para a segurança e confidencialidade no ambiente virtual.

A adesão inicial à Ecodir foi grande, porém a gratuidade durou apenas dois anos em razão do término do período de financiamento da União Europeia a esse projeto. A doutrina especializada em soluções consensuais no segmento do consumo (Patoul e Cruquenaire, 2002) aponta que um elemento decisivo para o engajamento do consumidor nessas plataformas em vez da judicialização é que o custo do procedimento seja nulo, integralmente suportado pelo poder público ou pelo vendedor. Em outras palavras, nesse setor, a ODR deve ser uma opção gratuita disponibilizada ao cliente para que desperte seu interesse.

Atualmente, a Europa conta com a plataforma RLL, a qual foi instituída pelo Regulamento UE nº 524/2013. O sistema europeu de resolução de litígios em linha (RLL) faz uma intermediação (Bragança e Bragança, 2019:33) entre compradores, vendedores

---

[1] É interessante notar que o papel do mediador na Ecodir se diferencia daquele proposto pela legislação brasileira e seguido pelos cursos de formação em mediação. No Brasil, tradicionalmente, o mediador não propõe sugestões às partes.

e as entidades de solução adequada de conflitos com o objetivo de resolver os problemas decorrentes das operações de compra e venda online.

Os Estados-membros são os responsáveis pelo cadastramento[2] dessas entidades de solução adequada de conflitos nos seus respectivos territórios na RLL, desde que cumpram os requisitos da Diretiva nº 2013/11/UE. Por meio da RLL, é possível obter acesso às principais informações sobre essas entidades, tais como: dados para contato, tipos de conflito da sua competência, taxas, procedimentos, entre outras.

Os requisitos para a submissão de uma demanda na plataforma são: o produto ou serviço ter sido adquirido na internet, contato prévio com a outra parte e a demanda não ter sido judicializada (Bragança e Bragança, 2019:34).

O sistema funciona da seguinte maneira: o consumidor submete a reclamação ao fornecedor. Em seguida, ambos escolhem, em comum acordo, a entidade de solução adequada para assumir a gestão do problema. Caso não cheguem a um consenso, a demanda é arquivada.

Expansão da ODR para o tratamento de conflitos no Brasil

A ODR no Brasil também foi direcionada, inicialmente, para o tratamento de questões de consumo, e a iniciativa privada foi a grande responsável por impulsionar a criação de plataformas. Um levantamento realizado por Daniel Arbix (2017) identificou os principais sistemas de resolução de controvérsias em atividade no Brasil.

---

[2] Ver art. 7º de União Europeia (2013).

Com base nessa pesquisa, é possível afirmar que as plataformas do setor privado podem ser divididas em dois grupos: plataformas institucionais, isto é, sistemas desenvolvidos pelas próprias empresas para tratar de problemas com seus clientes (como a do Mercado Livre)[3] e plataformas multi-institucionais, ou seja, sistemas que permitem que o consumidor direcione sua reclamação a um conjunto de organizações, como faz o Reclame Aqui (s.d.), por exemplo.

Nos últimos anos, houve um impulso significativo em direção a uma política pública efetiva de tratamento adequado de conflitos de consumo no Brasil através da plataforma Consumidor.gov.br, em operação desde 2014.

Esse movimento pode ser verificado pela publicação do Decreto nº 10.197, de 2020 (Brasil, 2020), que fixou o Consumidor.gov.br como o canal da administração pública com o propósito de solucionar problemas em relações de consumo, assim como pela celebração de termos de parceria com algumas agências reguladoras que estimularam a adesão das companhias com atuação nos respectivos setores, como a Agência Nacional de Energia Elétrica (Aneel),[4] Agência Nacional de Telecomunicações (Anatel)[5] e Agência Nacional de Transportes Aquaviários

---

[3] Ver Mercado Livre Brasil (2019).
[4] "Aneel assina acordo com Ministério da Justiça para integrar Consumidor.gov.br", 26 nov. 2019. Disponível em: <www.aneel.gov.br/sala-de-imprensa--exibicao-2/-/asset_publisher/zXQREz8EVlZ6/content/aneel-assina-acordo--com-ministerio-da-justica-para-integrar-consumidor-gov-br/656877?inheritRedirect=false>. Acesso em: 1 nov. 2020.
[5] "Anatel assina termo de cooperação com CNJ e Senacon sobre resolução de controvérsias", 8 nov. 2019. Disponível em: <www.anatel.gov.br/institucional/o-que-e-rss/104-home-institucional/2437-anatel-assina-termo--de-cooperacao-com-cnj-e-senacon-sobre-resolucao-de-controversias>. Acesso em: 1 nov. 2020.

(Antaq).[6] Por isso, houve um crescimento do número de empresas aderentes ao Consumidor.gov.br e que se tornaram aptas a solucionar os problemas com seus consumidores por meio da plataforma.

O Brasil também conta com experiências exitosas de utilização de ODR em conflitos de empresas em situação de dificuldade financeira. Um dos grandes *cases* é o da empresa de telefonia Oi, que, em parceria com a Fundação Getulio Vargas (FGV), criou um sistema para tratamento dos créditos, por meios consensuais, na recuperação judicial.

O sistema foi desenvolvido "sob medida" e resultou de um processo colaborativo de construção entre gerentes, advogados e técnicos de diferentes áreas, a fim de criar um único canal online de resolução de disputas para lidar com créditos de várias naturezas, principalmente cíveis e trabalhistas.

O programa de recuperação de crédito do Grupo Oi[7] ainda está em curso. A primeira etapa começou em março de 2017 e terminou em dezembro do mesmo ano, marcada pela instalação de postos de facilitação presencial em todo o país que totalizaram cerca de 40 espaços, além do desenvolvimento do primeiro sistema.

O credor era habilitado na plataforma pela própria empresa. Mediante um acesso seguro ao sistema, esse cliente conseguia visualizar a proposta elaborada de forma totalmente automatizada com o auxílio de inteligência artificial sobre as informações

---

[6] "Antaq e Senacon assinam acordo de cooperação técnica", 12 mar. 2020. Disponível em: <http://portal.antaq.gov.br/index.php/2020/03/12/antaq-e-senacon-assinam-acordo-de-cooperacao-tecnica/>. Acesso em: 17 nov. 2020.
[7] FGV. "Bem-vindo à plataforma para acordo nos incidentes de habilitação e/ou impugnação de crédito da recuperação judicial Grupo Oi". Disponível em: <https://credor.oi.com.br/Incidentes/Login>. Acesso em: 25 jun. 2020.

constantes nos bancos de dados da Oi. A plataforma foi apoiada por vários canais, como centrais de atendimento, página de perguntas frequentes e orientação de técnicos preparados para auxiliar no acesso remoto.

Os dados atualizados até dezembro de 2020 mostram que o programa de recuperação de crédito da Oi por meio da plataforma desenvolvida em parceria com a FGV contou com mais de 77 mil credores cadastrados e gerou mais de 53 mil acordos.[8]

Conclusão

A migração das relações para o ambiente digital pode ser constatada em vários segmentos, por exemplo, no setor bancário. A Federação Brasileira de Bancos (Febraban) realiza uma pesquisa anual para acompanhar as atividades nesse campo e detectou um aumento crescente tanto da quantidade de dinheiro movimentada quanto do volume de operações realizadas por meio dos canais digitais das instituições financeiras, que englobam internet banking e aplicativos.

À medida que diversos serviços e atividades começaram a acontecer com predomínio no ambiente digital, a opção por uma vida inteiramente offline se tornou muito pouco prática e, em algumas circunstâncias, inviável. A internet permitiu que as transações aumentassem significativamente em razão da ausência de limitações geográficas e temporais, podendo, inclusive, ocorrer várias operações ao mesmo tempo.

Com isso, o número de conflitos também cresceu, e os meios tradicionais de solução de conflitos, incluindo o Judiciário, não

---

[8] Informação disponibilizada pela FGV Mediação.

eram mais suficientes para lidar com esse novo contingente de demandas originadas do espaço virtual. A praticidade e a celeridade das atividades online precisavam alcançar também a solução dos problemas decorrentes.

O primeiro segmento a incorporar a tecnologia na prevenção e gestão dos seus conflitos foi o comércio eletrônico, com destaque para a iniciativa do eBay. No Brasil, o movimento foi semelhante e, hoje, é possível encontrar plataformas associadas a uma empresa específica ou que direcionam as reclamações a um conjunto de organizações.

Contudo, não é apenas o segmento do consumo que conta com exemplos importantes da utilização da ODR no Brasil, tendo em vista que o país conta também com experiência marcante na recuperação do crédito em face de empresa em situação de dificuldade financeira.

Em decorrência da pandemia, parece ser correto indicar a tendência de que outros assuntos (além do consumo e da recuperação de crédito) também passem a ser tratados por meio de soluções digitais de conflitos.

Referências

ARBIX, Daniel do Amaral. *Resolução online de controvérsias*. São Paulo: Intelecto, 2017.

ARSDALE, Suzanne van. User protections in online dispute resolution. *Harvard Negotiation Law Review*, v. 21, n. 107, p. 107-142, 2015. Disponível em: <www.hnlr.org/wp-content/uploads/HNR103_crop-1.pdf>. Acesso em: 15 dez. 2020.

BRAGANÇA, Fernanda; BRAGANÇA, Laurinda Fátima da F. P. G. Resolução digital de conflitos de consumo: um estudo comparado de funcionamento e eficiência entre consumidor.gov e RLL. In: LORENÇO, Haroldo et al. *Leituras de solução de conflitos*. Rio de Janeiro: Ágora, 2019. p. 30-42.

BRASIL. Decreto nº 10.197, de 2 de janeiro de 2020. Altera o Decreto nº 8.573, de 19 de novembro de 2015, para estabelecer o Consumidor.gov.br como plataforma oficial da administração pública federal direta, autárquica e fundacional para a autocomposição nas controvérsias em relações de consumo. *Diário Oficial [da] República Federativa do Brasil*, Presidência da República, Secretaria-Geral, 3 jan. 2020. Disponível em: <www.planalto.gov.br/ccivil_03/_ato2019-2022/2020/decreto/D10197.htm>. Acesso em 5 mar. 2021.

CARNEIRO, Davide et al. Online dispute resolution: an artificial intelligence perspective. *Artificial Intelligence Review*, v. 41, n. 2, p. 211-240, 2014. Disponível em: <https://link.springer.com/article/10.1007/s10462-011-9305-z>. Acesso em: 5 mar. 2021.

DRAETTA, Ugo. *Internet et commerce electronique en droit international des affaires*. Bruxelas: Bruylant, 2002.

EBERT, Camille. *La resolution extrajudiciare des litiges en ligne*. Chisinau: Éditions Universitaires Européennes, 2017.

FEBRABAN (Federação Brasileira de Bancos). *Pesquisa Febraban de tecnologia bancária 2020* (ano-base 2019). Disponível em: <https://cmsarquivos.febraban.org.br/Arquivos/documentos/PDF/Pesquisa%20Febraban%20de%20Tecnologia%20Bancária%202020%20VF.pdf>. Acesso em: 5 mar. 2021.

FISHER, Roger; URY, William. *Getting to yes*. Boston: Houghton Mifflin Harcourt, 1981.

GAUTRAIS, Vincent; BENYEKHLEF, Karim; TRUDEL, Pierre. Cyber-médiation et cyber-arbitrage: l'exemple du Cyber-Tribunal. *Computer & Telecoms Law Review*, n. 4, p. 46-51, 1998.

IAVARONE-TURCOTTE, Clea. Et s'il était possible d'obtenir justice en ligne? *Lex Electronica*, v. 17.2, p. 1-13, 2012.

KATSH, Ethan; RABINOVICH-EINY, Orna. *Digital justice*: technology and the internet of disputes. Nova York: Oxford University Press, 2017.

MANIA, Karolina. Online dispute resolution: the future of justice. *International Comparative Jurisprudence*, v. 1, p. 79, 2015. Disponível em: <www.google.com/search?client=safari&rls=en&q=Online+dispute+resolution:+The+future+of+justice+Karolina+Mania&ie=UTF-8&oe=UTF-8>. Acesso em: 5 mar. 2021.

MERCADO LIVRE BRASIL. *Como abrir uma reclamação no Mercado Livre*, 16 out. 2019. Disponível em: <www.youtube.com/watch?v=aR8LbXM4uQs>. Acesso em: 19 nov. 2020.

PARLAMENTO EUROPEU. *Diretiva 2013/11/EU do Parlamento Europeu e do Conselho de 21 de maio de 2013 sobre a resolução alternativa de litígios de consumo, que altera o Regulamento (CE) nº 2006/2004 e a Diretiva 2009/22/CE (Diretiva RAL)*. Bruxelas, 2013. Disponível em: <https://eur-lex.europa.eu/legal-content/PT/TXT/PDF/?uri=CELEX:32013L0011&from=EN>. Acesso em: 5 mar. 2021.

PATOUL, Fabrice de; CRUQUENAIRE, Alexandre. Le développement des modes alternatifs de règlement des litiges de consommation: quelques réflexions inspirées par l'expérience Ecodir. *Lex Electronica*, v. 7, n. 2, 2002. Disponível em: <https://papyrus.bib.umontreal.ca/xmlui/bitstream/handle/1866/9402/articles_139.htm?sequence=1&isAllowed=y>. Acesso em: 5 mar. 2021.

RECLAME AQUI. *Portal institucional*, [s.d.]. Disponível em: <www.reclameaqui.com.br/como-funciona/#como-funciona-reclame-aqui>. Acesso em: 5 mar. 2021.

SIDIBE, Ibrahima. *Mémoire sur la "Stratégie de fidélisation dans le marketing des services"*. Paris: Bercy Institute, 2008. Disponível em: <www.etudes-et-analyses.com/marketing/marketing-des-services/memoire/strategie-fidelisation-marketing-services-497419.html>. Acesso em: 5 mar. 2021.

UNIÃO EUROPEIA. *Regulamento UE nº 524/2013 do Parlamento Europeu e do Conselho de 21 de maio de 2013 sobre a resolução de litígios de consumo em linha, que altera o Regulamento (CE) nº 2006/2004 e a Diretiva 2009/22/CE (Regulamento RLL)*. Disponível em: <https://eur-lex.europa.eu/LexUriServ/LexUriServ.do?uri=OJ:L:2013:165:0001:0012:PT:PDF>. Acesso em: 5 mar. 2021.

O Mediador

Carlos Savoy

Introdução

O Mediador Tecnologia da Informação Ltda, CNPJ nº 13.577.007/000112, é uma plataforma de *online dispute resolution* (ODR) do Grupo Reclame Aqui que realiza mediação por meio de um processo inteiramente online e leva as partes, passo a passo, a resolver disputas o mais rapidamente possível.

O projeto começou quando conheci o Reclame Aqui por intermédio da sócia Gisele Paula em uma aula que ministrei no curso de extensão na Escola Superior de Propaganda e Marketing (ESPM), convidado pelo professor Alexandre Pereira Leite, para falar das inovações que estavam ocorrendo dentro da prefeitura de São Paulo, que já utilizava meios adequados de resolução de conflitos (mediação e conciliação) para atender à população. No início de 2016, o presidente do Reclame Aqui, Mauricio Vargas, entendeu prontamente a abrangência do projeto, principalmente em razão do art. 46 da Lei de Mediação (Lei nº 13.140, de 26 de junho de 2015), e já possuía o domínio (www.omediador.com.br) desde 2009, antevendo a necessidade de uma terceira pessoa para intermediar os conflitos provenientes das relações de consumo.

A plataforma

A estruturação da empresa O Mediador começou em agosto de 2016, após seis meses de pesquisa e *benchmarking* com diversas empresas. Inicialmente trabalhamos com sete pessoas da área de tecnologia da informação (TI) entre desenvolvedores e *testers*, uma pessoa na área executiva, uma na área de operação e outra responsável pela área comercial.

Em setembro de 2016 iniciamos os trabalhos já dentro da estrutura do Reclame Aqui, com a aprovação e apoio de todos os sócios, principalmente de Mauricio Vargas e Edu Neves, os quais deram estrutura suficiente para que, em março de 2017, tivéssemos o *minimum value product* (MVP) pronto.

A plataforma foi disponibilizada em versões desktop e mobile, para atender às diversas necessidades dos usuários que a utilizam, e é oferecida no modelo *software as a service* (SaS), garantindo que os clientes (empresas e consumidores) não se preocupem com provisionamento e gestão de infraestrutura de tecnologia, ganhando velocidade e flexibilidade para atender a suas necessidades de negócio.

Por ser um serviço em nuvem, os clientes da plataforma não precisam se preocupar com atualizações de software (funcionais ou segurança) ou hardware (aumento da capacidade de processamento), sendo O Mediador uma plataforma comprovada e escalável, homologada pelo Tribunal de Justiça de São Paulo (TJSP) e projetada pela equipe do Reclame Aqui, pioneira e protagonista na criação de plataformas online para resolução de conflitos e atendimento ao cliente no Brasil.

Em setembro de 2017, em razão da participação no evento South by Southwest nos Estados Unidos, mais conhecido pela sigla SXSW, adicionamos o nome fantasia Leegol no contrato social de O Mediador e o site passou a ser <www.leegol.com>.

Como a negociação já era amplamente utilizada na plataforma do Reclame Aqui entre empresas e consumidores, e queríamos evoluir mais um passo para dar a garantia jurídica que a Lei de Mediação (Lei nº 13.140/2015) proporcionava, o mecanismo escolhido para o início das operações foi o da mediação e conciliação online, por meio da participação remota de mediadores qualificados e capacitados, de acordo com a Resolução nº 125 do Conselho Nacional de Justiça (CNJ).

Apesar de estudarmos o funcionamento de plataformas como Modria, entre outras, para implantação de negociação automática, verificamos que tanto empresas quanto consumidores não estavam ainda preparados para resoluções automatizadas de disputas em razão da necessidade humana de interagir com alguém da empresa ou na presença de alguma "autoridade".

Foram pensados inicialmente três fluxos dentro do projeto:

1) o primeiro fluxo chamamos B2C (*business to consumers*), ou seja, um fluxo pensado para empresas convidarem consumidores para resolverem suas pendências;
2) o segundo fluxo foi o C2B (*consumers to business*), no qual consumidores convidariam empresas para resolverem seus problemas;
3) o C2C (*consumers to consumers*) para pessoas físicas realizarem mediações com outras pessoas.

Os fluxos são distintos e precisariam ser testados, sendo o B2C menos complexo. Esse fluxo consiste na compra de pacotes de mediação pela empresa, pós ou pré-pagos, mediante proposta comercial, com a disponibilização das mediações na plataforma, mediante login e senha, e com o cadastro dos representantes da mesma, que imputariam os casos, conforme demonstrado no fluxograma 1.

Fluxograma 1
B2C

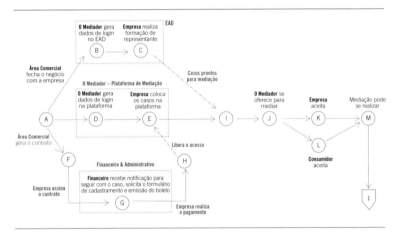

Fonte: O Mediador.

No fluxo C2B, as mediações seriam adquiridas de forma distinta do fluxo B2C, ou seja, de forma unitária pelos consumidores, tendo de ser nele implementada a triagem dos casos e o pagamento da sessão. Isso tornou o fluxo mais elaborado, conforme demonstrado no fluxograma 2.

O fluxo C2C também consiste, na grande maioria, na venda de casos unitários, tanto para advogados quanto para pessoas físicas. A forma de cadastro dos casos é similar ao C2B, tendo apenas alteração no cadastro de pessoas físicas em vez de pessoas jurídicas, como pode ser visualizado no fluxograma 3.

O MEDIADOR • 33

Fluxograma 2
C2B

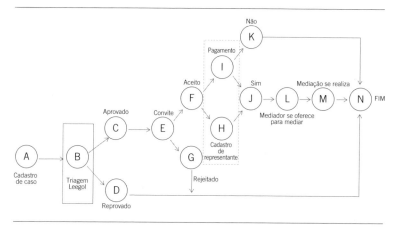

Fonte: O Mediador.

Fluxograma 3
C2C

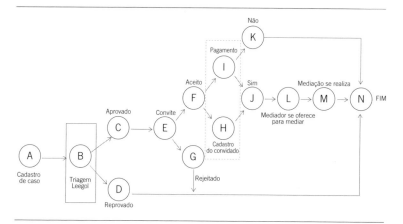

Fonte: O Mediador.

Durante o ano de 2017, já com a plataforma em funcionamento, realizamos algumas reuniões com a doutora Ada Pellegrini, juntamente com o professor Kazuo Watanabe, que entendiam que enquanto não abríssemos a mediação para os consumidores as empresas continuariam tratando os consumidores da mesma forma e utilizariam a mediação apenas para suprir seus interesses.

Por outro lado, existia a preocupação, por parte do Reclame Aqui, uma empresa com credibilidade perante o consumidor e com 18 anos de existência, de simplesmente dar um passo e o consumidor entender que a empresa estaria vendendo um serviço, o que poderia impactar no número de reclamações e no comportamento do consumidor dentro do site etc. Ou seja, uma preocupação com a preservação da marca que, desde 2001, vem ajudando pessoas e empresas a resolverem seus problemas, com avaliação, ao final, do atendimento prestado.

Dúvidas sobre como não impactar na avaliação e creditação da marca Reclame Aqui eram constantes; em razão disso, o fluxo inicial escolhido para início do desenvolvimento do projeto foi o B2C, ou seja, empresas convidando os clientes e consumidores para tratarem suas demandas com a ajuda de um mediador. Esse fluxo foi escolhido por quatro motivos:

1) para testarmos o funcionamento da plataforma;
2) para verificarmos a aceitação das empresas quanto ao produto;
3) para testarmos a escalabilidade de O Mediador;
4) para verificarmos a qualidade das mediações e a aceitação dos mediadores no ambiente online.

Como o Reclame Aqui já trabalhava como uma ODR desde 2001, então o principal objetivo com a criação de uma plataforma de mediação foi dar tratativa para cerca de 20%

dos casos não resolvidos pela plataforma do Reclame Aqui por negociação direta.

São aproximadamente 20 mil reclamações diárias, que variam de meras opiniões sobre a marca e atendimento das empresas até problemas mais sérios, como falta de entrega de produto, demora de estorno ou cancelamento da compra, entre outros.

A necessidade de outra etapa para resolver esses problemas era clara, e a presença de um terceiro imparcial, através da mediação, poderia suprir essa necessidade. O objetivo inicial do *minimum value product* (MVP) dentro do fluxo B2C se resumia a:

1) verificar o comportamento do consumidor e das empresas na resolução online dos problemas – como se comportariam, para quais necessidades utilizariam, como seria a forma de pagamento, como o consumidor se sentiria;
2) aplicar a metodologia da mediação, comunitária e familiar, que já apresentava resultados significantes, tanto no Brasil quanto no exterior, na tratativa de problemas de relações de consumo;
3) verificar meio mais adequado para essas tratativas (videoconferência, chat ou *conference call*);
4) verificar volumetria de pedidos B2C e analisar o amadurecimento do mercado;
5) capacitar mediadores e representantes para esta primeira fase.

A tratativa de problemas oriundos das relações de consumo em todo o Brasil foi o primeiro tipo de conflito pensado, apesar de também termos pensado nas relações familiares e tratativas trabalhistas. O projeto foi pensado em nível nacional, uma vez que não poderíamos nos ater a vínculos territoriais e correr o risco de não atender às demandas provenientes de outros estados. Em razão disso, o monitoramento da criação e expansão de unidades do Núcleo Permanente de Métodos Consensuais de Solução de Conflitos (Nupemec) e do Centro Judiciário de Solução de Conflitos e Cidadania (Cejusc) era constante, tendo São Paulo e Rio de Janeiro como os principais polos de atenção.

Dentro dos fluxos pensados, desenvolvemos duas formas de trabalho distintas. No fluxo B2C, ou seja, quando a empresa convida o consumidor ou cliente para a mediação, os conflitos eram escolhidos pela própria empresa, em razão do risco de litigância e para terem uma garantia jurídica quando de sua resolução. A atuação seria nas mediações pré-processuais ou extrajudiciais, agindo preventivamente, uma vez que sabíamos que 10% dos consumidores que passavam pelo Reclame Aqui acabavam utilizando o Poder Judiciário para resolver suas demandas.

Já para o fluxo C2B e C2C, foi necessário criar um ambiente de triagem dentro da plataforma, para que pudéssemos filtrar os tipos de problemas e enviar o convite para casos realmente passíveis de mediação. Ele consistia em uma fase prévia ao acionamento da régua de relacionamento, com intervenção humana, em que o responsável deveria aprovar os casos imputados. Também foi contratada uma plataforma de educação a distância (EAD), em que criamos cursos de aperfeiçoamento em negociação, mediação, empatia, comunicação não violenta, entre tantos. Esses dois fluxos começaram a rodar em abril de 2018.

O projeto foi construído ouvindo-se sempre quatro interessados: empresas, consumidores, mediadores e o TJSP. Foram diversas reuniões realizadas para trazer a garantia jurídica necessária a todos.

Para as empresas, seu maior interesse era a garantia jurídica dos acordos firmados e respectiva homologação perante os tribunais. Para o Tribunal de Justiça, a principal preocupação era com a validação das identidades dos participantes, para que não se corresse o risco de uma pessoa realizar a mediação em nome de outra. Os mediadores se preocupavam com a agilidade e as ferramentas da plataforma. Já os consumidores se preocupavam em a plataforma ser simples de manusear.

Para garantia das empresas, foram realizados eventos em parceria com o Nupemec para explicar a validação jurídica dos acordos, situação que era nova até mesmo para o próprio Tribunal de Justiça.

Para garantia do Tribunal de Justiça, foi desenvolvida uma régua de relacionamento com o cliente, por meio de *massive* e-mails e SMS, em que conseguíamos ter uma interação prévia com as partes antes da sessão de mediação, com a gravação de dados como IPs das máquinas de abertura do e-mail (computador e celular). Também foi criado, para as partes, um ambiente de avaliação dos mediadores que realizaram as sessões, sendo o primeiro passo do controle de qualidade.

Para garantia dos consumidores, optamos por atuar somente com mediadores judiciais. A infraestrutura de hospedagem em nuvem foi concebida para atender às necessidades dos nossos clientes quanto à confiabilidade e ao desempenho do produto. Garantimos a confidencialidade e integridade dos seus dados com práticas recomendadas do setor. Está implementada com o líder do setor, AWS (Amazon Web Services), em instalações de conformidade Tier IV e III+, SSAE-16, PCI DSS e ISO 27001, para apresentar um ótimo desempenho com redundância e opções de *failover*. A infraestrutura é escalável e elástica, sem limite de capacidade, capaz de responder rapidamente ao aumento de dados do cliente e à carga gerada pelo aumento de tráfego por parte dos usuários. Essas características nos permitem fornecer um desempenho consistente e previsível aos nossos clientes, garantindo uma SLA de 99,5% de *uptime*.

Para garantir os mediadores, criamos uma régua de relacionamento específica para eles, em que avisávamos quando um caso tinha sido imputado na plataforma, quando o mediador tinha sido aceito pelos participantes e avisos do horário da sessão online. Essa régua não privilegiava um mediador perante outro, quando se habilitava ao caso, pois todos recebiam os e-mails. Mesmo após se habilitar, os participantes têm a opção de aceitar ou rejeitar o mediador. Também foi contratada uma plataforma de EAD, em que criamos cursos de aperfeiçoamento em negociação, mediação, empatia, comunicação não violenta, entre tantos.

Um dos maiores investimentos, tanto em tempo quanto em esforço, foi para o desenvolvimento de uma régua de relacionamento eficaz que ajudasse o máximo possível a conversão de pedidos, sem atuação humana, e também auxiliasse a iniciar um processo de interação das partes com a plataforma, que serviria para validar a identidade das pessoas que a utilizassem.

Essa régua consistia no disparo de três e-mails mais um SMS para a fase de convite. Se aceito, a régua disparava mais três e-mails para a fase de pré-mediação, em que eram explicados os princípios da mediação, os procedimentos e funcionalidades da plataforma e o aceite do mediador, conforme a figura 1. E ainda era enviado um SMS às partes antes do início da sessão. Nessa interação, tínhamos gravados a taxa de abertura de e-mails e os IPs dos equipamentos, além da ação do solicitante e convidado em aceitar o mediador.

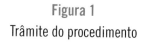

Figura 1
Trâmite do procedimento

Fonte: O Mediador.

Quanto à segurança dos acessos e medidas de transparência, a segurança da aplicação se baseia fortemente no padrão JAAS e na distribuição correta de papéis entre os usuários da plataforma. Todas as chamadas são travadas por filtros externos de acordo com o papel aplicado, não permitindo que chamadas inconsistentes cheguem à função de negócios. Em termos funcionais, os níveis de segurança instituídos para O Mediador respeitam todas as normas determinadas pelas boas práticas estabelecidas pela Information Technology Infrastructure Library (Itil), bem como as regras definidas nos termos das resoluções do CNJ e dos Tribunais de Justiça dos estados.

O acesso à plataforma dá-se por meio da criação de um utilizador (*user*), que possui uma senha de acesso (*password*), pessoal e intransferível, com a qual se identifica. Em função da qualificação do seu *user*, a plataforma permite conjuntos diferenciados de opções de menu a serem exploradas e utilizadas.

Todas as operações realizadas pelo *user* dentro da plataforma são rastreáveis e a informação fica salvaguardada na estrutura de base de dados, segura e protegida, podendo ser disponibilizada ao TJSP na medida de sua necessidade. A rede é protegida por *firewalls*, transporte HTTPS seguro por redes públicas, auditorias regulares e tecnologias de detecção/prevenção de intrusão de rede (WAF), que monitoram e/ou bloqueiam o tráfego malicioso e ataques à rede. O WAF também tem como função bloquear os ataques mais comuns em aplicações web, tais como SQL *injetion, cross-site scripting,* sequestro de sessão, alteração de URL ou de parâmetro e estouro de *buffer.*

Testes internos de segurança são realizados com frequência, e além disso contratamos empresas especialistas em segurança para realizar um teste de intrusão amplo na rede de produção de O Mediador. O acesso à rede é restrito à equipe de operações, que se autentica à mesma por meio de um mecanismo multifatorial de autenticação. Esse acesso é realizado por VPN a uma virtual *private cloud,* à qual cada membro da equipe de operações possui acesso restrito pelos princípios de nível de necessidade de conhecimento das informações e privilégio mínimo ao que lhe for necessário para realizar suas atividades. Esse acesso é frequentemente monitorado.

A plataforma é *multitenant* e se baseia fortemente na distribuição de papéis e permissões entre seus usuários. Todas as requisições às funções de negócio passam por filtros da camada de autenticação/autorização que analisam se a mesma está adequada ao papel do usuário que a realizou, não permitindo que aquelas que estejam inconsistentes com o permissionamento de seu usuário se propaguem pela camada de negócios.

Para acessar a plataforma, é necessária a utilização de um nome de usuário e de uma senha. Cada usuário, em função de sua qualificação, receberá um papel, que lhe fornecerá um conjunto de permissões. Todas as operações realizadas pelo usuário dentro da plataforma são armazenadas e, portanto, rastreáveis. As informações de acesso e de utilização permanecem nas bases de dados da plataforma, sem tempo para expiração, de forma segura e protegida, e podem ser disponibilizadas aos órgãos competentes para auditoria e investigação, na medida da sua necessidade.

A assinatura eletrônica da plataforma utiliza a tecnologia DocuSign. A DocuSign tem mais de uma década de história na criação de soluções com força legal no Brasil, incluindo certificados digitais ICP Brasil que estão totalmente em conformidade com a legislação brasileira, incluindo (mas não se limitando a ela) a Medida Provisória n° 2.200-2/2001, Código Civil brasileiro, resoluções do Comitê Gestor do ICP e instruções normativas do Instituto Nacional de Tecnologia da Informação (ITT) que regulam a matéria. A assinatura eletrônica contém uma gama de informações que compõem nossa trilha de auditoria:

1) nomes de signatários;
2) histórico de autenticação;
3) assinaturas digitais com a utilização do *smartphone*;
4) endereços de e-mail;
5) endereços IP do signatário;
6) cadeia de custódia (ou seja, quem enviou, visualizou, assinou etc.);
7) carimbos de hora confiáveis;
8) captura de geolocalização do signatário (se houver);
9) *status* de conclusão.

O financiamento do projeto foi realizado pelo Reclame Aqui, sendo o custo de TI o maior, em razão do desenvolvimento tecnológico, seguido pelos administrativos e de mediadores.

Entre os atores envolvidos, podemos destacar a figura do mediador judicial, que foi fundamental para trazer credibilidade nas negociações. O cadastro da plataforma no TJSP, TJRJ, em instituições como o Conselho Nacional das Instituições de Mediação e Arbitragem (Conima) e a Associação Brasileira de Legal e Lawtechs (AB2L) também foi fundamental para a credibilidade da plataforma.

Após toda a construção e planejamento, a primeira mediação do fluxo B2C ocorreu em 28 de março de 2017, de um cliente do ramo imobiliário, em que tivemos êxito. No decorrer do ano, esse setor utilizou a mediação para realizar distratos imobiliários com excelentes resultados. Em março de 2018, os consumidores também puderam utilizar a plataforma, fluxo C2B e C2C, para acionar empresas e pessoas, tendo sido cadastrado o primeiro caso em 18 de março de 2018 e a primeira solução frutífera em 27 de março do mesmo ano. Esse caso foi cadastrado por uma advogada e era referente a divisão de partilha em inventário.

Entre os casos realizados na plataforma, gostaria de destacar dois, não pela importância da matéria em si, mas sim pela importância dos casos para O Mediador. Um deles foi particularmente importante por ter sido o primeiro caso pré-processual sem a presença de um advogado, nos moldes da Lei nº 13.140/2015, homologado pelo Cejusc de São Paulo por meio da tecnologia da assinatura eletrônica, via *smartphone*, em vez da troca de e-mails e coleta das assinaturas.

O objeto em discussão era o distrato de um compromisso de compra e venda de imóvel, sendo que o convidado formalizou um compromisso de compra e venda com a solicitante no valor de R$ 338.020,00.

O processo homologatório recebeu o nº 0038759-34. 2017.8.26.0100, com sentença vinculante, e foi o primeiro caso no Brasil utilizando-se a assinatura eletrônica em vez da digital, tão utilizada por advogados, e ter sua homologação por sentença judicial do Cejusc Central do Tribunal de Justiça de São Paulo.

O segundo caso que gostaria de mencionar, particularmente, foi o mais difícil, em razão de sua complexidade perante o Poder Judiciário. A matéria em discussão era a realização de um divórcio, sem filhos, em que as partes haviam adquirido um imóvel, que estava sendo executado pelo banco, além da divisão de pertences pessoais e materiais do casal.

A mediação ocorreu em 30 de outubro de 2018, sendo que o termo de acordo e todos os documentos foram encaminhados para o Cejusc Central para homologação, em 1º de novembro de 2018. Em 9 de novembro de 2018, recebemos a informação de que a competência territorial do Cejusc é irrestrita somente para a capital; portanto, é possível homologar acordos dos demais foros regionais desde que sejam da Comarca de São Paulo. Como as partes residiam em Campo Limpo Paulista e Campinas, precisamos entrar em contato com o Cejusc das regiões para explicar nossa situação.

Após entrar em contato com o Cejusc de Campinas, que tinha mais experiência para tratar do assunto, enviamos, em 12 de novembro de 2018, toda a documentação para homologação do acordo, baseando-nos no disposto dos Provimentos CSM 2289/15 e CMS 2348/16.

Até 26 de novembro de 2018, foram diversas trocas de e-mails e telefonemas, inclusive com pesquisa junto ao Nupemec de São Paulo, quando enfim tivemos o expediente pré-processual ajuizado sob o nº 0041285-92.2018.8.26.0114.

No mesmo dia, tivemos a sentença homologatória publicada e transitada em julgado, com efeito vinculante, com expedição do mandado de averbação do divórcio e expedição de ofício para o Cartório de Registro Civil dos participantes.

Este foi o primeiro divórcio realizado de forma totalmente online, sem a presença de advogados, com a presença remota das partes e de um mediador judicial, com o termo de acordo sendo assinado eletronicamente com o dedo em um *smartphone* e homologado pelo Tribunal de Justiça de São Paulo.

No decorrer desses mais de dois anos de projeto, foram realizadas inúmeras pesquisas e testes A/B. Um exemplo dos testes foi com referência aos textos dos convites a serem enviados pela régua de relacionamento. Que tipo de texto seria mais produtivo para a conversão de casos: textos mais formais ou textos informais?

Foram disparados para uma base (aproximadamente 500 pessoas) convites que utilizavam uma comunicação mais informal, do tipo "A empresa X tem um convite para te fazer", "Você sabe o que é mediação?", "Não perca esta oportunidade". Para outro grupo, com aproximadamente o mesmo número de pessoas, foram disparados convites com uma comunicação mais formal, como "Você está sendo convidado para uma sessão de mediação, conforme disposto na Lei nº 13.140/2015" ou "De acordo com o artigo 21 da Lei nº 13.140/2015, você foi convidado para sessão de mediação extrajudicial".

Os resultados foram surpreendentes, pois tivemos mais conversão com a comunicação informal, que trouxe 50% a mais de pessoas ao site, do que a comunicação formal, talvez pelo motivo de que a maioria das mediações eram extrajudiciais, sem processo tramitando pelo tribunal.

Em contrapartida, para o fluxo C2B, percebemos que a comunicação informal não funcionou tão bem quanto para o fluxo B2C. Foram realizados novos testes, e a comunicação formal foi escolhida para esse fluxo em razão de as empresas darem mais atenção quando um modelo mais jurídico era utilizado.

Nossa conclusão foi de que teríamos de ter uma régua de relacionamento para cada fluxo e, posteriormente, para cada tipo de mediação (trabalhista, familiar, relação de consumo etc.) e tipo de problema.

Outro teste que fizemos foi a aceitação dos usuários com referência às assinaturas eletrônicas. Ficou claro, desde o início, que assinar os termos de forma convencional exigiria uma operação muito grande, com trocas de e-mails e .pdf, envios e retornos de Sedex etc., e que vai contra a inovação que nos propomos a realizar. O procedimento de mediação teria de ser todo online, do convite, passando pela pré-mediação, até a sessão e a assinatura do termo. Para sabermos a aceitação dessa nova forma de assinatura, foram enviados links para os participantes assinarem pelo e-mail e pelo celular, sendo que pelo celular tivemos muito mais aceitação, em razão da agilidade e retorno de assinatura.

Precisaríamos, então, saber a validade jurídica da mesma e estávamos dispostos a encarar o desafio perante o Tribunal de Justiça. Quando o primeiro termo de acordo foi homologado, em julho de 2017, ficamos extasiados, pois sabíamos o que tínhamos conseguido: um procedimento inteiro online de mediação.

O projeto também teve pivotagens, como a aceleração do fluxo C2B, em setembro de 2018, principalmente em decorrência do posicionamento da doutora Ada Pellegrini e do professor Kazuo Watanabe, que entendiam que a mediação somente chegaria à população se houvesse o empoderamento dela para realizar o pedido. Como o quarto mandamento do Reclame Aqui é "Pau que bate em Chico também bate em Francisco", nada mais justo do que abrir a mediação para os consumidores.

Conclusão

Em consequência disso, com os dois fluxos funcionando, começamos a entender o comportamento dos consumidores e necessidades das empresas. Entendemos que tanto a reclamação postada no site do Reclame Aqui quanto a mediação realizada no O Mediador são ciências comportamentais baseadas nas percepções humanas sobre um determinado fato.

As necessidades não atendidas, os falsos sentimentos e os sentimentos vinculados às necessidades atendidas começaram a ser monitorados. Cruzamentos de bases para entendimento da jornada do cliente, percentuais de judicialização baseados em produtos, problemas ou perfil de pessoas também.

Com a aplicação das ODRs, armazenamento de informações, juntamente com a realização de pesquisas, ficou claro que atualmente não podemos mais falar de problemas, produtos e logística, mas sim de sentimentos, expectativas e felicidade. E o ordenamento jurídico vigente não está preparado para lidar com isso; pelo contrário, sua intenção é justamente oposta, ou seja, tratar os casos com pragmatismo baseado na norma.

Mas atualmente a norma é comportamental e esse comportamento é influenciado por mídias sociais mais do que pela norma. A velocidade da evolução tecnológica afetou de vez o comportamento humano para o bem e para o mal. A era da privacidade não existe mais. Estamos na era da exposição, e a questão é o quanto queremos estar expostos. Toda essa exposição e o acesso à informação (verdadeira ou falsa) alteram a percepção do indivíduo sobre diversos fatos, e essa percepção gera uma emoção que altera o comportamento.

Quando iniciei minha jornada na mediação, achava que as pessoas eram nas redes sociais o que elas gostariam de ser.

Hoje, entendo que as pessoas são o que realmente são, quando o comportamento se refere a opiniões, e são o que gostariam de ser quando se refere à exposição.

Por isso, acredito que estamos apenas iniciando uma nova fase de controle de comportamentos, e as ODRs contribuirão bastante para essa evolução, juntamente com inteligência artificial, análise de dados e conhecimento de sentimentos. A tecnologia é agnóstica. Cabe a nós utilizá-la para o fim correto.

Justto: resolução de disputas baseada em dados

Alexandre Augusto Dias Ramos Huffell Viola

Introdução

Quando pensamos em resolução de disputas, logo vêm à mente palavras como "burocracia" e "dificuldade". Contudo, as pessoas querem seus problemas resolvidos, não importa o método ou meio (seja por mediação, conciliação, arbitragem, negociação ou pelo Judiciário ou ente privado) e elas irão optar por aquilo que trouxer a melhor solução, da forma mais simples.

Nesse sentido, desde sua criação, a Justto tem como missão tirar toda complicação da frente e utilizar de tecnologia, dados e design para simplificar a resolução de disputas para nossos usuários. Contudo, conforme ver-se-á a seguir, simplificar o modo como as pessoas resolvem disputas não é algo óbvio. A intenção deste texto é mostrar o caminho que trilhamos para chegarmos a uma forma de resolução de disputas nova, totalmente baseada em dados.

A Arbitranet

Começamos nossa jornada em 2011, desenvolvendo a Arbitranet (https://arbitranet.com.br). A Arbitranet é a primeira câmara

50 • RESOLUÇÃO ONLINE DE DISPUTAS

Figura 1
Fluxo da plataforma Arbitranet

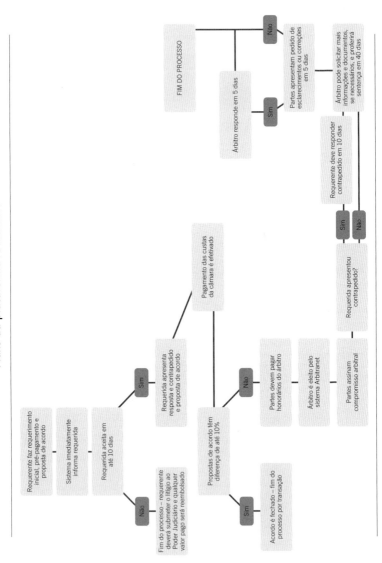

Fonte: Arbitranet.

privada de arbitragem online do Brasil que opera exclusivamente via internet. Foi desenhada para que todas as comunicações entre as partes e os árbitros, as audiências e o pagamento pelos serviços fossem realizados exclusivamente por meio de sua plataforma. Graficamente, o fluxograma inicial poderia ser resumido como ilustrado na figura 1.

A ideia era trazer a simplicidade da arbitragem (sem os altos custos das tradicionais câmaras existentes) e o fácil acesso à justiça do Judiciário (sem a burocracia e procedimentos engessados). Ocorre que, meses após o lançamento da plataforma, apesar da evidente oportunidade de mercado em razão dos números mastodônticos de conflitos ingressos anualmente no Judiciário, ficou claro que a adoção da solução (e consequente validação do modelo que havíamos desenhado) em grande escala tomaria mais tempo do que havíamos considerado, por diversos motivos, sobretudo:

1) *Diferente horizonte entre escolha do foro e instauração do conflito.* Em arbitragem, apesar de ser possível escolher a forma de resolução no momento de instauração do conflito, o usual é que as partes estabeleçam método e meio de resolução em contrato e, nesse sentido, toma-se tempo entre a inclusão das cláusulas nos instrumentos até a ocorrência de fato dos conflitos.

2) *Inadequação cultural.* Quando lançamos, o mercado (advogados e partes) não estava nem perto de entender a necessidade e o potencial das soluções online para resolução de conflitos (para se ter uma ideia, nem os processos judiciais, meio padrão de resolução de conflitos, estavam totalmente informatizados). Não havia *startups* jurídicas conhecidas no mercado. Termos como *lawtech*

ou *legaltech* não existiam ou não eram difundidos. Nada havia na área de resolução de disputas, pois éramos os primeiros no Brasil. Delegar a resolução de mérito para um terceiro através da internet era algo que causava receio.

3) *Falta de credibilidade.* Estávamos entrando em um mercado no qual os atores estavam acostumados com grandes instituições por trás de câmaras arbitrais (FGV, Amcham, CCBC, Fiesp, CCI etc.) ou pela chancela do poder público para decidir conflitos. Muitas vezes, ouvimos algo do gênero: "Muito legal a ideia, avisa quando começar a ter conflitos". Contudo, não haveria conflitos se ninguém começasse a indicar a Arbitranet como forma de solução.

Ao percebermos a dificuldade em escalar nossa solução sem nenhum grande selo (fosse público ou privado) e com o mercado despreparado para resolução de mérito por terceiro totalmente online, decidimos fazer uma validação mais ampla com grandes decisores para entender o que seria uma ferramenta útil de resolução de conflitos online que pudesse ser utilizada em grande escala com a maturidade do mercado para aquele momento.

O acordo fácil

Entre setembro e outubro de 2015, entrevistamos cerca de 50 diretores e gerentes jurídicos de grandes empresas, como Coca-Cola, Fox, Google, Johnson & Johnson, Editora Globo, CVC, Rodobens etc. para entender quais eram suas dores no dia a dia referentes à resolução de conflitos. Aqueles que tinham grandes volumes de disputas com consumidor tinham, de certa forma, o mesmo depoimento: Eu já sei quanto vou gastar em média ("ticket médio") com meus conflitos repetitivos e tenho cerca de quatro conflitos-padrão ("causas-raiz"); então, em algumas dessas causas-raiz, já sei que vou perder no Judiciário e por quanto vou perder. Então, na realidade, eu não queria ter de pagar um advogado para fazer uma defesa e acompanhar esse caso e, ainda, ter de provisionar o valor desse caso por anos.

Foi daí que surgiu a ideia de fazermos um sistema para negociar acordos para casos em que as empresas já tenham uma alçada certa e provisionada. Então, como uma das funcionalidades do sistema da Arbitranet era uma negociação automatizada entre as partes antes da arbitragem, pensamos em utilizar essa funcionalidade para negociar os acordos entre as empresas e os consumidores.

Assim, fizemos a seguinte proposta para alguns dos diretores jurídicos das grandes empresas: "Passem-nos casos que tenham uma alçada máxima já determinada para pagamento; incluiremos os casos em nosso sistema para negociar com a parte contrária. Se fecharmos acordo, você paga um valor fixo; se não fechar, não recebemos nada". Aí nascia o Acordo Fácil (https://acordofacil.com), uma plataforma de automação de negociação de acordos.

Ao utilizar o sistema, as empresas começaram a economizar com a terceirização de advogados, com a diminuição do ticket médio por causa-raiz e com o valor total provisionado.

O fluxo de negociação iniciava quando a empresa dava acesso para nossa equipe ao seu software de gestão de processos para baixarmos os casos com perfis de negociação; depois, o sistema enviava propostas de acordo para as partes contrárias dentro da alçada máxima predeterminada pela empresa e, fechado um acordo, o sistema gerava automaticamente um termo de acordo, seguindo um modelo preestabelecido pela empresa.

Além disso e de diversas funcionalidades para auxiliar no gerenciamento de casos, foi desenvolvido um algoritmo de aprendizado de máquina que indicava ao usuário a probabilidade de um caso fechar acordo. Dessa forma, o operador do sistema poderia focar esforços naqueles casos com a maior probabilidade de fechar acordos.

Ao desenvolver esse algoritmo, percebemos que ao analisar os dados e agrupamentos de perfis de usuários teríamos de verdade um diferencial para realmente simplificar a resolução de disputas. A resolução de conflitos, até aquele momento, baseava-se no caso a caso. Não levava em conta padrões ou tendências de comportamento aplicáveis a outros casos similares, apesar dos grandes números de conflitos existentes e registrados em diversos órgãos públicos brasileiros.

Mais uma vez, também nos demos conta de que, naquele modelo de negócio (em que a operação da negociação era toda feita pela nossa equipe, desde o *download* dos casos do sistema das empresas, passando pela negociação, assinatura dos termos de acordo, protocolo dos termos no Judiciário, acompanhamento da homologação e cumprimento do acordo, até o *upload* dos termos e da sentença de homologação no mesmo sistema das empresas), nossa empresa, apesar de estar desenvolvendo e utilizando tecnologia de ponta para resolver conflitos, para o mercado, não estávamos nos diferenciando de um escritório de advocacia tecnológico, pois, na visão do cliente, éramos responsáveis por um número determinado de casos, e devolvíamos com ou sem acordo.

O método, a tecnologia e qualquer outra medida empregada não faziam diferença para quem adquiria nossos serviços, somente para quem participava da resolução do conflito em si.

A Justto

Novamente, foi necessário realizar um ajuste de rota na empresa para chegar mais próximo da missão de simplificar a resolução de conflitos. Nesse sentido, a principal mudança foi que determinamos que iríamos disponibilizar um produto, e não um serviço. Nosso objetivo atual é ser a base tecnológica e os dados para qualquer um que utilize um sistema para resolver um conflito. Depois dessa decisão, reformulamos completamente nossa plataforma para possibilitar não só que qualquer tipo de disputa possa ser resolvida em nosso sistema, mas, principalmente, que qualquer disputa seja resolvida com a utilização da maior quantidade de dados possível. Se antes o desafio era transpor a resolução de conflitos do mundo físico para o online (e esse desafio ainda está sendo enfrentado pela Justto e outras empresas do mercado), acreditamos que a diferença hoje será resolver o conflito da forma mais eficiente possível com base em dados.

Da online dispute resolution *(ODR)* *para a* data driven dispute resolution *(3DR)*

Fizemos algumas suposições para o desenvolvimento da nossa plataforma atual:

1) Partes sempre valorizam itens de formas diferentes. Enquanto é senso comum que disputas giram em torno de valores monetários, pessoas dão valores diferentes para coisas distintas. Dessa forma, nem sempre, em uma disputa, partes valorizam dinheiro como o item mais importante.
2) Em uma disputa com resultado economicamente eficiente, cada parte deve acabar com o item que mais valoriza. Assim, desenvolvemos um sistema que possa

entender o valor de cada objeto para cada parte e alocá-los de forma ótima ou subótima, provendo dessa forma resoluções ganha-ganha. Nossa plataforma tem condições de aprendizado de máquina a partir de qualquer um de seus usuários. Todo dado inserido na plataforma é anonimizado e agrupado para identificar padrões. Os usuários do sistema podem ser, por exemplo:

- neutros: mediadores, conciliadores, árbitros;
- parciais: negociadores, serviço de atendimento ao consumidor, partes de uma disputa.

Por exemplo, por meio do aprendizado de máquina, a plataforma pode ser treinada por propostas de negociação e pelas contrapropostas feitas pelos recebedores da mesma proposta. Como toda comunicação é feita online e o sistema enriquece os dados de todos os usuários, todo dado inserido na plataforma é anonimizado e agrupado para identificar padrões.

Casos de exemplo

Para ilustrar o funcionamento da plataforma, irei citar dois exemplos (bem próximos de casos reais) em que uma empresa fictícia tem de pagar uma indenização por danos patrimoniais e morais a consumidores seus com o mesmo perfil, em que cada um (empresa e consumidores) tem uma vontade de pagar distinta para cada um dos objetos em negociação (nossa plataforma separa cada item, como prazo para pagamento, parcelas, obrigações de fazer e valor, como um objeto distinto em cada disputa). Para os dois casos, essa vontade de pagar é identificada na figura 2 por importância (quanto mais símbolos "+", mais importante o item para a parte; quando o item foi limitador, a parte não abre mão de forma alguma do objeto na negociação).

Figura 2
Categorização por importância

	Empresa	
	Item	Importância
$	<R$ 4.000,00	+++
📅	10 dias	Limitador
👍	5 parcelas	+
❤	Manter consumidor	++

	Consumidor	
	Item	Importância
$	>R$ 5.000,00	+
📅	O quanto antes	++
👍	1 parcela	Limitador
❤	Desculpas	+++

Fonte: elaborada pelo autor.

Nos exemplos, para a empresa o mais importante é pagar um valor abaixo de R$ 4 mil, pois esse é o valor provisionado para disputa e a empresa não consegue fazer o pagamento das indenizações em prazo inferior a 10 dias por causa de procedimentos internos. Já para os consumidores, apesar de eles desejarem maximizar o valor a ser recebido, o mais importante é receber um pedido de desculpas da empresa pelo ocorrido. Os consumidores hipotéticos querem receber somente à vista e o quanto antes, pois querem utilizar o valor para quitar suas contas pessoais.

Assumimos aqui que uma negociação geralmente não se resume a ato único. As partes tendem a levar tempo para considerar as propostas e fazer novas contrapropostas. Nossa plataforma é parametrizada para engajar as partes no tempo mais indicado (minutos, horas ou dias), dependendo do tipo de conflito (indenizatório judicial, extrajudicial, recuperação de crédito etc.).

No primeiro caso, conforme indicado na figura 3, a negociação inicia com a empresa fazendo a primeira proposta com grande margem para o valor mínimo desejado para cada objeto. O consumidor responde também com uma contraproposta acima do valor financeiro mínimo pretendido.

Figura 3
Fluxo da negociação

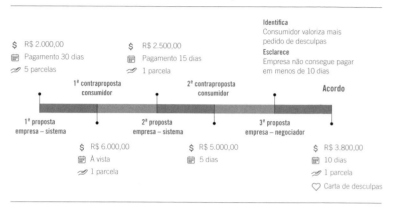

Fonte: elaborada pelo autor.

Nesse caso ilustrativo, as partes não abrem espontaneamente, por meio da plataforma (apesar de possível), suas intenções emocionais (no caso, pedido de desculpas e manutenção do cliente). Supus que foi necessário um negociador da empresa para retirar as barreiras de comunicação e facilitar o resultado ótimo para o caso (poderia ser um mediador etc.). Vejamos a seguir as rodadas de negociação até o acordo.

Após esse primeiro caso, o sistema aprendeu, para disputas e com usuários com esse mesmo perfil – atualmente nossa plataforma possui 17 características que são levadas em consideração no algoritmo de aprendizado de máquina para identificar usuários (como local de residência, situação profissional, número de pessoas na disputa etc.) –, as seguintes condições:

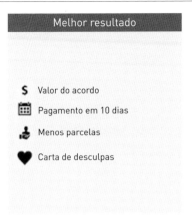

No próximo exemplo, considerando partes similares e mesma vontade de pagar, a probabilidade de o sistema fechar o acordo de forma automatizada aumenta, pois ele aprendeu sobre a relevância da diminuição das parcelas e da carta de desculpas para o consumidor (e sugeriu à empresa a melhora em sua política de acordos, o que presumimos que foi aceito por ela).

Destaca-se que o sistema irá, no segundo exemplo – conhecendo mais a importância que cada parte dá a cada objeto –, modificar poucas condições das ofertas, mas essas mudanças serão fundamentais para maximizar o resultado das partes. Considerando que o consumidor, ao receber a proposta com a carta de desculpas, já terá obtido o objeto a que dá mais importância, o sistema seguirá tentando maximizar o item de maior valor para a empresa (a seguir foram destacados somente os itens modificados nas propostas).

Figura 4
Fluxo da negociação

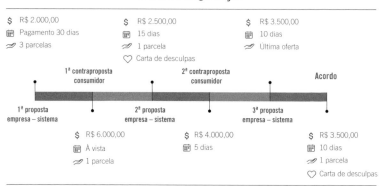

Fonte: elaborada pelo autor.

Em suma, nos casos exemplos sequenciais, o sistema, com os parâmetros das partes, maximizou o resultado até o limite possível para ambas as partes, chegando a um resultado economicamente ótimo, considerando a vontade de pagar por cada um dos objetos de cada parte.

Figura 5
Maximização de resultados

Empresa			Consumidor	
Item	Importância		Item	Importância
<R$ 4.000,00	+++		>R$ 5.000,00	+
10 dias	Limitador		O quanto antes	++
5 parcelas	+		1 parcela	Limitador
Manter consumidor	++		Desculpas	+++

Melhor resultado
- Valor do acordo: R$ 3.500,00
- Data: uma parcela paga em 10 dias
- Carta de desculpas e manutenção do cliente

Fonte: elaborada pelo autor.

Conclusão

No caminho de formação da Justto, éramos uma empresa que buscava, como inovação, resolver conflitos por meios online. Mas com nosso aprendizado, percebemos que simplesmente transferir os métodos de conflito para o ambiente eletrônico não iria, por si só, simplificar a forma como as pessoas resolvem seus conflitos. Ao contrário, encontramos diversos desafios com esta simples transposição de métodos que não foram desenhados, principalmente, para resolver questões que surgiram em meios digitais.

Assim, tivemos de desenvolver um novo método de resolução de conflitos que fundamentalmente se baseia em dados para trazer a melhor solução para cada disputa. Inserimos um elemento que é a influência da máquina (e, em nosso sistema, qualquer solução passa necessariamente pelo crivo do sistema, por mais que um ser humano finalize a resolução da disputa manualmente) no desfecho de cada caso.

Destaco que qualquer método de resolução existente previamente (online ou não) contava somente com um ser humano como decisor ou influenciador da solução (seja um mediador, um negociador ou um árbitro, por exemplo). O que poderia existir nos fornecedores de sistemas online poderiam ser, no máximo, ferramentas como videoconferência, chat, disparo de mensagens em massa etc. No caso do sistema da Justto, aqueles atores, se necessários forem, dependem de, no mínimo, uma prescrição de ações de nosso algoritmo, e essas ferramentas são meios para facilitar o acesso a tal algoritmo.

Portanto, concluo afirmando que não só criamos uma nova categoria de resolução de conflitos, qual seja, a resolução de conflitos baseada em dados (3DR), mas também um método de resolução de disputas que depende da interpretação da disputa pela inteligência computacional.

Para o futuro, temos a visão de que todas as disputas sejam resolvidas com uma análise direcionada por dados processados por uma inteligência, como a que estamos desenvolvendo neste momento.

Mapeamento da plataforma Justto

Michelle Marie Morcos

Dados entidade/empresa

1. **Nome da entidade/empresa/estrutura:** Justto.
2. **Endereço:** *****
3. **Website:** <justto.com.br>.
4. **Tempo de atividade da entidade/empresa:** desde 2012.
5. **Nome do(a) entrevistado(a):** Michelle Morcos.
6. **Função/cargo do(a) entrevistado(a):** CEO.
7. **Período na função:** desde 2018.
8. **Data da entrevista:** 30/10/2020.

Mecanismo – ODR

9. **Qual(is) método(s) adequado(s) de solução de conflitos previsto(s)?**
   Negociação e mediação.
10. **Houve a combinação de atuação humana e tecnológica? Ou o sistema é totalmente automatizado? Poderia fazer uma breve descrição?**
    Vendemos o sistema como SaaS para células de acordo atuarem na resolução dos conflitos. Parte da negociação é humana, operada pelos clientes que adquirem a plataforma.
11. **Qual era/é o fluxo para a resolução de conflitos (fluxograma)?**
    Importação na plataforma > enriquecimento de dados pelo TJ e *bureau* de informação > envio em massa de e-mail, SMS e WhatsApp

com proposta de acordo > parte contrária visualiza proposta e aceita ou dá contraproposta pela tela de negociação (*Negotiator*) > geração de minuta automática > assinatura eletrônica.

12. **Houve interação com os outros órgãos, como o Judiciário, agências reguladoras e Procons?**

    Compramos serviços terceiros de *crawler* desses órgãos.

13. **Há integração com outra(s) plataforma(s)? Como isso funciona?**

    Sim, serviços de *crawler* para busca da inicial e dados da capa do processo, serviço de comunicação (e-mail, SMS e WhatsApp), gerador de documentos (Google Docs) e assinatura eletrônica (juristas).

14. **Foram previstas ferramentas de acessibilidade digital na plataforma? Para atender quais necessidades (p. ex. visuais, auditivas, outras)?**

    Não.

15. **Foi elaborado um guia do usuário para acesso à plataforma?**

    Sim, temos um *help desk* com vídeos tutoriais e *tooltips* por meio de *hover*.

Descritivo

16. **Quais eram os objetivos da construção da ODR?**

    Dar maior escala, gestão e estratégia nas negociações de acordos entre empresas e pessoas físicas.

17. **Quais foram os critérios para eleger os conflitos que seriam tratados via ODR (territorial, nível de complexidade, vínculo das partes, natureza do direito)?**

    Matérias "massificadas" (valor baixo e em muito volume) e que versam sobre patrimônio disponível entre entidades privadas.

18. **A ODR foi pensada para um período determinado ou é uma política da empresa?**

    Política da empresa.

19. **Como foi viabilizada financeiramente a operacionalização da ODR?**
    Investimento dos fundadores, anjos e *venture capital*.
20. **Para qual perfil de partes o sistema foi projetado?**
    Empresas e escritórios de advocacia que possuam ou não sua própria célula de acordo e pessoas físicas e seus advogados.
21. **Quais eram os atores, além das partes, que compunham o sistema?**
    Autor, réu e seus respectivos advogados.
22. **Qual a natureza da decisão (vinculante ou não vinculante)?**
    Solução autocompositiva.
23. **Poderia descrever um caso real para fins ilustrativos (com a anonimização dos dados das partes, se preciso)?**
    Empresa do segmento do turismo recebe uma ação judicial, pois cancelou um voo de um passageiro e não o reembolsou. Ao receber essa citação, a empresa analisa se é viável realizar um acordo. A empresa importa esse caso na plataforma e esta, por meio dos serviços nela integrados, encontra os dados de contato da parte contrária e envia mensagens propondo um acordo. A parte contrária (ou seu advogado) pode aceitar a proposta ou dar uma contraproposta. Caso aceite, o sistema gera a minuta do termo de acordo e dispara para assinatura eletrônica. Esse termo posteriormente deve ser levado a juízo para homologação.

Resultados

24. **Qual é o número de casos processados desde a criação da ODR?**
    103.884 desde o lançamento da nova versão da plataforma em agosto de 2019.
25. **Qual a média de novos casos por ano?**
    103.884 (coincide com o número anterior, pois a nova versão foi lançada há um ano).

26. **Qual o percentual de acordos?**

    40%.

27. **Quais foram os índices de satisfação do usuário com a plataforma?**

    Não fazemos o *tracking* do NPS hoje, mas no geral bastante satisfeitos.

28. **Os usuários costumam retornar à plataforma para solucionar outros casos?**

    Sim.

29. **Há usuários permanentes?**

    Sim.

30. **Qual o perfil de parte que mais acessou o sistema?**

    Escritório de advocacia que representa a empresa ré.

31. **Quais as medidas de transparência adotadas?**

    Termos de uso e política de privacidade – além disso, estamos implantando no sistema uma central de comunicação onde todas as partes veem todas as comunicações trocadas no ambiente da plataforma.

32. **Foram necessários ajustes ao longo da resolução de conflitos? Em caso positivo, de que ordem foram essas adequações (administrativa, método escolhido ou procedimental, entre outros)?**

    Sim, ajustes de produto e modelo de negócio.

33. **Foram realizadas adaptações em razão da LGPD?**

    Sim, essas adaptações estão em andamento.

MOL – Mediação online & Itaú-Unibanco: relato de caso vencedor do prêmio do Conselho Nacional de Justiça "Conciliar é Legal" 2018 (categoria mediação extrajudicial)

Melissa Gava

Introdução

Em maio de 2017, a Mediação Online (MOL) iniciou um projeto com o Banco Itaú-Unibanco, na Gerência Executiva Crédito e Cobrança Pessoa Jurídica Varejo, que buscava novas soluções para a atuação nas carteiras administrativas e jurídicas. O conceito de *customer experience* foi o que mais atraiu o interesse do banco em testar as novas práticas e modalidades de resolução de conflitos online oferecidos pela *startup* (empresa de tecnologia com modelo de negócio escalável).

O objetivo do projeto era, por um lado, oferecer uma nova experiência para empresários que adquiriram crédito com a instituição financeira e estavam em uma situação de inadimplência. Por outro, oferecer alternativas que pudessem agregar aos resultados da recuperação de crédito para o banco.

O método de resolução de conflito definido para o projeto foi a mediação online, um processo com fluxo 100% digital, desde o envio da base de casos até a assinatura dos acordos, com plena segurança e validade jurídica por meio de plataforma tecnológica desenvolvida pelos engenheiros de software da MOL. As sessões online (termo que a MOL cunhou em substituição às audiências) foram realizadas entre mediadores cadastrados no *marketplace* MOL (profissionais autônomos e independentes), escritórios de advocacia terceirizados que prestam serviços para o Itaú e a base de clientes (com ou sem advogados constituídos) das empresas nas categorias EMP 1, 2, 3 e 4 (indicadores usados pelo banco para categorizar o porte econômico das empresas) selecionadas pelo Itaú.

Logo de início, o primeiro desafio encontrado no projeto foi a formalização do contrato, frente à completa ausência de categoria de fornecedores de serviço/produto de mediação online no departamento de compras. Mas, vez que o Itaú-Unibanco é uma instituição com forte incentivo à inovação, o processo de homologação de fornecedor da MOL seguiu um processo abreviado, da recém-criada esteira para empresas *startups*.

Considerações como homologação de fornecedores e remuneração contratual podem parecer questões triviais em relações comerciais, mas não é o caso em empresas *startups* no Brasil. Infelizmente está se instaurando uma cultura de teste de serviços/produtos, chamados de piloto ou teste de conceito, sem previsão de remuneração, que é extremamente prejudicial para o ecossistema e consolidação do mercado de *alternative dispute resolution* (ADR) e *online dispute resolution* (ODR) no Brasil.

Prova de conceito (POC)

O contrato para o piloto remunerado que a MOL assinou com o Itaú englobava a realização de 100 casos de mediação online, nos quais o próprio Itaú arcaria com os custos e ofereceria aos seus consumidores o procedimento. A definição do escopo do projeto-piloto foi a seguinte:

1) testar a adesão dos clientes ao processo de mediação;
2) validar o *customer experience* para os clientes Itaú-Unibanco, oferecendo, por meio da plataforma MOL, um ambiente digital e amigável para a resolução dos conflitos.

Na base de casos, foram selecionados casos ajuizados, em ações de execução, ações monitórias e *finames*. O valor médio das ações era de R$ 200 mil. Para representar o banco nas sessões de mediação foram selecionados três escritórios de advocacia com atuação em quatro estados: São Paulo, Rio de Janeiro, Santa Catarina e Rio Grande do Sul.

O *onboarding* e treinamento dos advogados dos escritórios foram feitos por meio de e-books, vídeos explicativos e exercícios online. Com exceção do escritório Perez de Rezende, que se situa em São Paulo, todos os treinamentos foram feitos a distância.

O processo de implantação do projeto dentro do banco passou por algumas etapas: a plataforma precisou cumprir os protocolos da segurança da informação, os mediadores foram homologados e os termos e minutas de acordo foram submetidos à validação do institucional do banco antes de serem inseridos na plataforma.

O piloto durou 30 dias e os indicadores de performance foram muito positivos:

1) taxa de adesão de 95%;
2) *customer experience* com uma nota média 8, metrificado por uma pesquisa de satisfação coletada por meio de três perguntas, como ilustrado nas figuras 1, 2 e 3.

Figura 1
Pesquisa de satisfação

Como foi a experiência de sua mediação online na plataforma MOL?

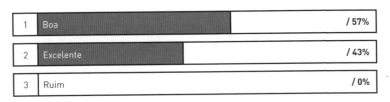

Fonte: MOL (2017).

Figura 2
Pesquisa de satisfação

Como foi a atuação do mediador?

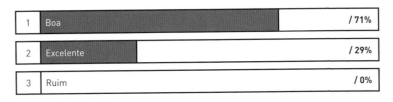

Fonte: MOL (2017).

Figura 3
Pesquisa de satisfação

Em uma escala de 0 a 10, qual é a probabilidade de você recomendar os serviços da Mediação Online (MOL) a familiares e amigos?

Fonte: MOL (2017).

O projeto se desdobrou em uma nova etapa, e em agosto de 2017 tínhamos o desafio de testar novos públicos e carteiras: administrativa, altos valores, especializada e ações contrárias. Para tanto, foi necessário pensar em um novo desenho que otimizasse alguns pontos: um número maior de sessões por caso, implementar um novo fluxo de *follow-up* de sessões, automatizar o processo de *onboarding* e treinamento online de novos escritórios, aumentar o número de advogados participantes do projeto e flexibilizar o calendário para agendamentos em horários diferenciados.

O escopo dessa etapa foi definido como

> buscar soluções extrajudiciais para empresas inadimplentes com o Banco Itaú-Unibanco. Isto, através da aproximação das partes para um diálogo colaborativo, com o apoio de um mediador imparcial e especializado, visando renegociar processos ajuizados e administrativos, assim como uma conversão maior de acordos e maior satisfação nos resultados para todas as partes [MOL, 2017].

Em dados, para cada CNPJ enviado na base de dados havia uma média de cinco processos judicializados e com um *ticket* médio de R$ 400 mil. O objeto destes continuou, em sua grande maioria, o mesmo já tratado na etapa anterior. Os objetivos estipulados foram:

1) ganhar produtividade na redução do tempo para a formalização do acordo – a meta da MOL seria realizar os acordos com uma SLA (*service level agreement*) de um mês;
2) aumentar a conversão de acordos existentes.

Após o término do período estipulado para o piloto, o compromisso era colher os resultados e pensar os próximos passos para uma contratação em formato de prestação contínua. Durante o período do piloto, foram realizadas 224 sessões de mediação online em 40 dias de operação. Na apuração de resultados, os indicadores de performance foram consolidados como:

1) formalização dos acordos realizados dentro do prazo de um mês;
2) aumento de 33% na taxa de acordo.

Figura 4
Perfil de base

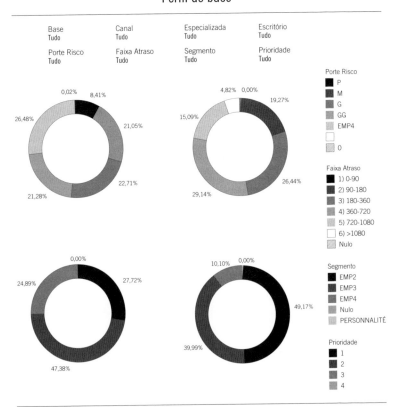

Fonte: MOL (2017).

A partir desse resultado, o projeto foi ampliado e, em seguida, fizemos o *onboarding* e treinamento online em negociação e mediação online em 26 novos escritórios parceiros do Itaú-Unibanco e cadastramos 86 novos usuários na plataforma MOL.

O perfil da base que passamos a receber mostrou as seguintes características, conforme a figura 4.

Metodologia e tecnologias aplicadas

O percurso para a resolução dos casos seguiu o fluxo *business to business* (B2B) adotado na plataforma MOL, que segue o procedimento em cinco etapas: recebimento da base de casos, adesão, mediação, emissão do termo de acordo ou não acordo e, quando necessário, a homologação judicial do acordo, como pode ser visualizado na figura 5.

Figura 5
Fluxograma

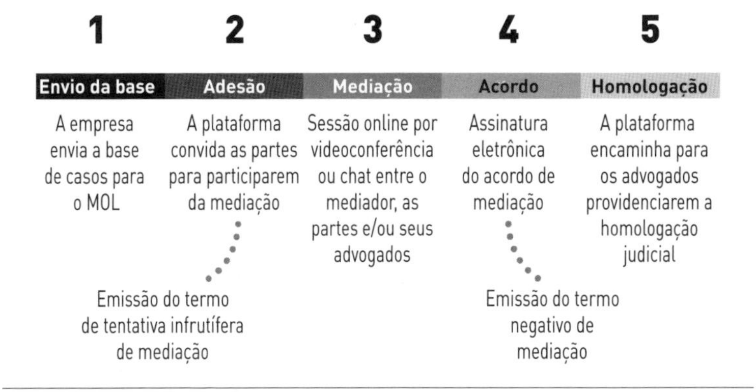

1	2	3	4	5
Envio da base	**Adesão**	**Mediação**	**Acordo**	**Homologação**
A empresa envia a base de casos para o MOL	A plataforma convida as partes para participarem da mediação	Sessão online por videoconferência ou chat entre o mediador, as partes e/ou seus advogados	Assinatura eletrônica do acordo de mediação	A plataforma encaminha para os advogados providenciarem a homologação judicial
	Emissão do termo de tentativa infrutífera de mediação		Emissão do termo negativo de mediação	

Fonte: MOL (2017).

A primeira etapa é o recebimento da base de casos e dados que a empresa envia para a MOL iniciar as adesões para as mediações. No caso do Itaú-Unibanco, customizamos o *layout* para incluir informações bastante completas. Para permitir o *upload* e troca de arquivos, a plataforma MOL foi homologada no sistema de *file transfer protocol* STCP-OFTP do banco, em conformidade com os padrões de segurança e *compliance* da instituição.

A segunda etapa do processo é a criação das estratégias de comunicação e acionamento para a adesão dos participantes. O primeiro contato dos solicitados com o projeto de mediação se dá por meio de carta-convite de mediação, enviada conforme os requisitos da Lei da Mediação, nº 13.140/2015, subseção II, "Da mediação extrajudicial".

Uma vez que o agendamento é confirmado, é enviado o link de acesso para a realização da sessão de mediação entre as partes e o mediador. A plataforma disponibiliza canais de videoconferência, chat e *call conference* para a realização das mediações. O canal com maior aceitação e conversão em acordos é a videoconferência, recurso audiovisual que oferece a melhor possibilidade de criação de *rapport*, técnica utilizada para estabelecimento de uma relação de confiança entre participantes de uma mediação.

As sessões de mediação seguem o padrão de uma hora e o roteiro tradicional baseado nas etapas: abertura, definição do escopo, agenda, criação de opções, avaliação das opções, escolha das opções e elaboração da solução.

Um *case* de sucesso do projeto foi a mediação realizada com a empresa X (nome real ocultado por motivos de confidencialidade), que atua no ramo de comercialização de alimentos e estava passando por uma situação de extrema dificuldade após um incêndio em sua sede na grande São Paulo. Para agravar a situação, ela não possuía seguro para esse tipo de acidente. O sócio da empresa aceitou imediatamente o convite de mediação, pois enxergou a oportunidade de relatar ao banco o ocorrido, algo que nunca fora lhe apresentado anteriormente. O caso já possuía um processo judicial e algumas tentativas de acordo pela equipe de negociação do escritório que representava a instituição financeira.

Durante a sessão de mediação, o mediador da MOL designado para o caso, o sócio representante da empresa e o negociador do escritório criaram uma opção de solução trabalhada da seguinte forma: de um lado, o empresário, após exercício explorado com o mediador, traçou um plano para buscar recursos com familiares e saldar o débito com o banco. De outro, o negociador, após a experiência da mediação, apresentou uma proposta dentro das possibilidades confirmadas pelo empresário. O diferencial da proposta apresentada para a mesa de crédito do banco dessa vez foi o teor do relato da situação da empresa e das possibilidades reais para a realização e cumprimento do acordo. A proposta foi aprovada e o acordo formalizado entre as partes.

A formalização dos acordos na plataforma ocorre por meio de ferramenta especializada denominada *click sign*, autoridade certificadora privada, que emite certificados digitais em pleno acordo com a legislação brasileira e padrões internacionais de assinatura eletrônica. A tese que fundamenta o uso da *click sign* é pautada pela Medida Provisória nº 2.200-2/2001, que determina que para assinar contratos eletrônicos não é necessária a utilização de certificados emitidos pela ICP-Brasil, desde que haja outro meio de comprovação da autoria e da integridade do documento eletrônico e as partes envolvidas o aceitem como válido.

A última etapa do fluxograma é a homologação judicial dos acordos, necessária no tratamento de casos que possuem um número na Justiça. Esse procedimento na MOL fica a cargo dos advogados constituídos nos respectivos processos.

Escalabilidade

Em 2018, a MOL passou a receber uma base com volume mensal de 5 mil casos. Para atender à carga de dados, decidimos implementar o *data integration*, e o time de tecnologia da MOL desenvolveu um ETL (*extraction, transformation and load*), tecnologia que seria necessário implementar para ganhar agilidade na performance do tratamento dos dados. Desenvolveu, também, um algoritmo inteligente para agendamentos automatizados e em grande escala.

Fizemos uma modificação também no fluxo operacional, criando uma etapa intermediária, o preventivo, com acionamentos para evitar cancelamentos e ausências nas sessões de mediação online.

Inserimos no compromisso de mediação assinado pelas partes, no momento do aceite do convite para a mediação, o texto do art. 22 da Lei da Mediação:

> IV - o não comparecimento da parte convidada à primeira reunião de mediação acarretará a assunção por parte desta de cinquenta por cento das custas e honorários sucumbenciais caso venha a ser vencedora em procedimento arbitral ou judicial posterior, que envolva o escopo da mediação para a qual foi convidada [Lei nº 13.140/2015, art. 22, § 2º, IV].

Realizamos um teste A/B, porém o dispositivo previsto na lei não apresentou mudanças relevantes na taxa de comparecimento. A ação que mais converteu para o aumento desse indicador foi o uso de multicanais de comunicação para o envio das notificações e lembretes.

Ao todo, o alcance do projeto foi extremamente significativo, com sessões de mediação online realizadas em todas as regiões do Brasil e um caso realizado no estado americano da Flórida.

Figura 6
Perfil geográfico

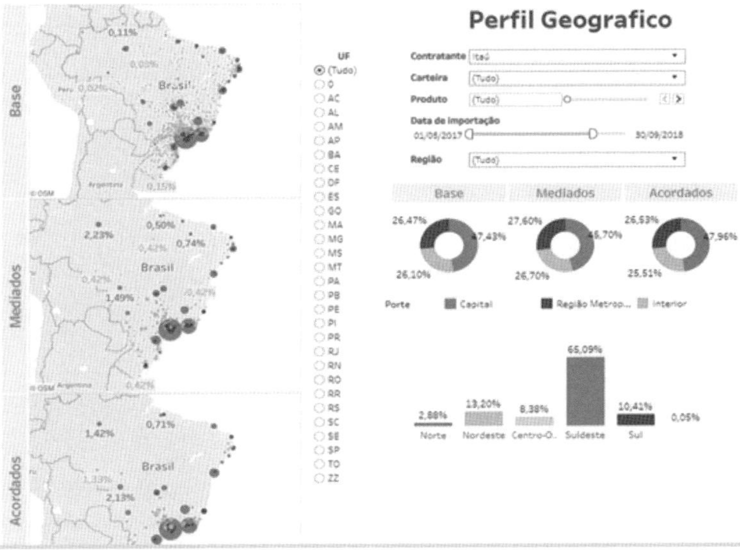

Fonte: MOL (2018).

No início de 2018, passamos a adotar a metodologia NPS (*net promote score*) como forma de coletar a pesquisa de satisfação dos usuários. A metodologia é universal, de fácil aplicação e apresentou um número maior de respostas possivelmente pela simplicidade. O resultado foi bastante satisfatório, com um NPS de 63.

Começamos também a produção de materiais qualitativos como depoimentos por escrito, vídeo e *hashtags* para testar formas e canais de engajamento. Nesse material incluem-se tanto percepções dos representantes do Itaú-Unibanco quanto dos clientes convidados para sessão de mediação:

> A mediação online é um projeto novo no escritório Nova Quest, ela é uma nova forma, uma abordagem diferenciada para chegar no cliente, ela soma muito hoje à nossa equipe, porque a aceitação desse projeto é excelente. O que percebemos é que o público que está aceitando esse projeto é um público que já passou por diversos canais do nosso credor, ele se sente não ouvido e acredita que não teve a oportunidade de falar e ser escutado. Então, na mediação, o contato visual e o mediador sem vínculo com o credor possibilitam uma segurança e o cliente precisa e quer isso [...] Com isso, nós estamos conseguindo solucionar diversos casos que já passaram conosco antigamente e não tivemos solução. Isso é um grande diferencial [Jéssica Erkert; depoimento colhido pela plataforma MOL].

E também:

> Eu tive a felicidade de ser procurado pela MOL e fiquei muito satisfeito com o resultado, já que com o banco não conseguia acordo. A mediação foi excelente, a forma como todos os estágios, desde a negociação até a homologação do acordo foram conduzidos, sem eu precisar ir até o Brasil, foi uma experiência excelente [usuário que prefere não ser identificado; depoimento colhido pela plataforma MOL].

Compilamos a seguir um material com diversas frases e áudios enviados pelos usuários: "Muito bom, essa interação aproximando a empresa e o banco"; "Aqui a gente colocou todo mundo junto e fizemos uma conferência que facilitou muito essa iniciativa da mediação online"; "Achei muito legal, muito importante e eu acho que uma boa parte das coisas se resolverão assim"; "Se a gente acertar alguma coisa, é dentro realmente de uma possibilidade real"; "Eu gosto de conversar olho no olho. Gostei! Achei bom demais mesmo".

Prêmio "Conciliar é Legal", CNJ 2018

Em setembro de 2018, inscrevemos o projeto para concorrer à iniciativa do Conselho Nacional de Justiça (CNJ) "Conciliar é Legal", na categoria mediação extrajudicial. O texto da iniciativa afirma, em seu art. 1º: "O Prêmio 'Conciliar é Legal' consiste em instrumento de premiação de boas práticas autocompositivas que contribuam para a efetiva pacificação de conflitos, o aprimoramento e a eficiência do Poder Judiciário".

O projeto, em comum acordo entre a MOL e o Itaú-Unibanco, recebeu o título "Caminho para o resgate financeiro de empresas e crédito através da mediação online". No formulário de inscrição enviado ao CNJ, foram elencados como principais objetivos do projeto:

1) buscar soluções extrajudiciais para empresas inadimplentes com o Banco Itaú, aproximando as partes para um diálogo colaborativo e com o apoio de um mediador imparcial e especializado, com o objetivo de renegociar processos ajuizados e administrativos, visando a uma maior conversão de acordos e satisfação nos resultados para todas as partes;

2) oferecer uma nova experiência para os usuários, por meio de uma plataforma digital, em que o procedimento – do envio do caso, passando pela sessão de mediação, até a assinatura do acordo – acontece por um computador, celular ou *tablet*, dando às partes a possibilidade de resolver conflitos de suas casas ou escritórios, sem a necessidade de utilizar as estruturas do sistema judiciário;

3) por meio da tecnologia, automatizar o processo e gerar dados estatísticos e analíticos, trazendo uma eficiência operacional maior, otimizando tempo, recursos humanos, stress e economia para todas as partes.

Os resultados quantitativos da prática atingidos até setembro de 2018 foram apresentados, com exceção dos resultados financeiros de retorno do investimento (ROI), *saving* (economia) e recuperação, cuja divulgação não foi autorizada pelo banco. Ver figura 7.

Figura 7
Resultados

Projeto: "Caminho para o resgate financeiro de empresas e crédito através da mediação online"

Fonte: MOL (2018).

No momento do anúncio da premiação, a conselheira Daldice Santana, presidente do Comitê Gestor da Conciliação do CNJ, fez a seguinte declaração:

> A prática envolvendo a empresa Plataforma MOL — Mediação Online e o Itaú-Unibanco, com o apoio da tecnologia, sagrou-se vencedora pelos próprios méritos: eficiência e efetividade na resolução de conflitos de baixa complexidade, embora de grande repercussão social. É de fácil replicabilidade porque depende apenas da política institucional das empresas, de modo geral. Ademais, iniciativas como esta são merecedoras de incentivo e reconhecimento no contexto da Política Judiciária Nacional de tratamento adequado de conflito de interesses. A prática revela o poder das partes para solucionar seus conflitos, independentemente de intervenção estatal.

Conclusão

O presente texto relata como um projeto que teve início em uma prova de conceito, com um escopo limitado a 100 casos, três escritórios de advocacia e cinco mediadores atuando em quatro estados do Brasil escalou para uma operação com 5 mil casos mensais, 26 escritórios de advocacia, 20 mediadores e 1.400 empresas em todos os estados brasileiros, atingindo resultados satisfatórios que atendem a necessidades e objetivos dos clientes e da instituição financeira.

O Itaú-Unibanco já utilizou os métodos alternativos de solução de conflitos no âmbito judicial, com iniciativas premiadas pelo CNJ, e desta vez se mostra novamente pioneiro em fomentar a desjudicialização de conflitos, o ecossistema das empresas *startups* de tecnologia e o empreendedorismo feminino utilizando a plataforma extrajudicial de mediação online da MOL.

No primeiro trimestre de 2019 as equipes do Itaú-Unibanco e da MOL — Mediação Online participaram de um intenso projeto para revisão gerencial e operacional dessa parceria utilizando a metodologia *lean* A3, que tem como objetivo identificar problemas gerenciais e operacionais e propor contramedidas para otimização de operações. O projeto gerou uma adaptação no desenho do processo, a criação de novos indicadores e ferramentas tecnológicas coordenando a metodologia da mediação com a atuação das empresas de cobrança e escritórios jurídicos em uma carteira que movimenta R$ 23 bilhões.

A parceria tem o grande desafio de mudança de *mindset* e *modus operandis* da recuperação de crédito no Brasil, e seguramente foi concretizada porque a diretriz do banco, baseada na "centralidade do cliente" e na pauta de inovação tecnológica, está em total sinergia com a missão da MOL – Mediação Online em democratizar os métodos alternativos de resolução de conflitos por meio de uma plataforma 100% online e 100% humana. É um *case* importante porque reúne diversos atores: *legaltech* (empresa *startup* de tecnologia jurídica), mediadores autônomos, escritórios de advocacia, grandes, médias e pequenas empresas, uma grande instituição financeira e, ainda, o próprio CNJ, que premiou a iniciativa.

A crise de litigância, a evolução dos meios alternativos de resolução de conflitos no Brasil e o eConciliar como ferramenta de auxílio na aplicação da justiça

Vicente Martins Prata Braga

Introdução

O presente texto, resultado da adaptação deste autor do segundo capítulo de sua dissertação em sede do Programa de Pós-Graduação em Direito e Gestão de Conflitos da Universidade de Fortaleza (Unifor), a qual se intitulou *O eConciliar como meio de efetivação do acesso à Justiça em um incipiente sistema de múltiplas portas brasileiro: uma opção que vale o jogo*, com alguns acréscimos, modificações e supressões, tem como objetivo, primeiramente, estabelecer uma análise das causas e das consequências da crise de litigância que cerca o Poder Judiciário brasileiro. Procurar-se-á, assim, identificar o porquê de o Estado, por meio de seu Poder Judiciário, ser o protagonista, muitas vezes isolado, da garantia do acesso à Justiça no Brasil.

Em seguida, inicia-se a análise do conceito e da aplicação do tribunal de múltiplas portas, a partir da verificação de sua origem, sua metodologia, sua aplicação, seus benefícios e os obstáculos à sua instalação.

Por fim, é apresentado um panorama do eConciliar, plataforma criada para auxiliar na resolução de litígios e, consequentemente, na redução do número de processos em trâmite na Justiça brasileira.

A cultura de litigância, a crise de litigância e a crise do atual modelo processual civil

Indubitavelmente, ao se afirmar uma crise no atual modelo processual civil, há uma referência aos obstáculos que impedem a efetivação do acesso à Justiça. Quando elencamos os principais entraves ao acesso à Justiça no Brasil, percebe-se, em uma análise de fácil percepção, a crise do Poder Judiciário. Isso porque a morosidade judicial, talvez a principal consequência dessa crise, é conhecida por grande parte da população e associada, costumeiramente, à insuficiência de magistrados e à grande quantidade de processos em tramitação no país. Todavia, em uma análise mais profunda, infere-se que a crise perpassa o âmbito do Poder Judiciário, abrangendo também a estrutura do atual modelo de resolução de disputas brasileiro, o modelo triádico.

No Brasil, conforme afirma Charlise Paula Cornet Gimenez (2016), a Constituição Federal de 1988 é um marco a partir do qual aumentaram as expectativas dos cidadãos de verem cumpridos os direitos e as garantias nela consignadas, de forma que a execução deficiente ou inexistente de muitas políticas sociais pode transformar-se em um motivo de procura nos tribunais. Portanto, ainda segundo a autora, o novo marco constitucional e a redemocratização geraram a maior credibilidade do uso do Poder Judiciário como meio para alcançar direitos, eis que ao verem colocadas em risco as políticas sociais ou de desenvolvimento do Estado, as pessoas recorrem aos tribunais para protegê-las ou exigirem sua efetiva execução. Desse modo, houve um crescente aumento no número de demandas judiciais, ou seja, instituiu-se a cultura de litigância, ou cultura da sentença, assim explanada por Fabiana Marion Spengler e Theobaldo Spengler Neto (2010:22-23), que a comparam ao modelo hobbesiano de transferência de direitos e de prerrogativas:

> Somente ao Poder Judiciário se atribui o direito de punir a violência porque possui sobre ela um monopólio absoluto. Graças a esse monopólio, consegue sufocar a vingança, assim como exasperá-la, estendê-la, multiplicá-la. Nesses termos, o sistema sacrifical e o Judiciário possuem a mesma função, porém o segundo se mostra mais eficaz, desde que associado a um poder político forte. Todavia, ao delegar a tarefa de tratamento dos conflitos ao Poder Judiciário – num perfeito modelo hobbesiano de transferência de direitos e de prerrogativas – o cidadão ganha, de um lado, a tranquilidade de deter a vingança e a violência privada/ilegítima para se submeter à vingança e à violência legítima/estatal, mas perde, por outro, a possibilidade de tratar seus conflitos de modo mais autônomo e não violento, através de outras estratégias. Por conseguinte, a sociedade atual permanece inerte enquanto suas contendas são decididas pelo juiz. Da mesma forma, como o cidadão de outrora que esperava pelo Leviatã para que ele fizesse a guerra em busca da paz, resolvesse os litígios e trouxesse segurança ao encerrar a luta de todos contra todos, atualmente vemos o tratamento e a regulação dos litígios serem transferidos ao Judiciário, esquecidos de que o conflito é um mecanismo

complexo que deriva da multiplicidade dos fatores, que nem sempre estão definidos na sua regulamentação; portanto, não é só normatividade e decisão. Unidos pelo conflito, os litigantes esperam por um terceiro que o "solucione". Espera-se pelo Judiciário para que diga quem tem mais direitos, mais razão ou quem é o vencedor da contenda. Trata-se de uma transferência de prerrogativas que, ao criar "muros normativos", engessa a solução da lide em prol da segurança, ignorando que a reinvenção cotidiana e a abertura de novos caminhos são inerentes a um tratamento democrático.

Sobre a cultura de litigância, Carlos Roberto Salles (2006:786) escreve:

> A cultura da litigância refere a distorção da tipologia supra retratada. Repercute uma anormalidade funcional do conflito, de forma que a ideia geral inserida no (in)consciente coletivo é a de que todo e qualquer conflito necessita ser judicializado e ser resolvido sob a forma adjudicada, dotada de força imperativa e coercitiva, fundada na lógica vencedor-perdedor.

De forma semelhante, Kazuo Watanabe (2008:7) preleciona que a cultura da sentença constitui-se na mentalidade forjada nas academias e na práxis forense de resolução contenciosa de conflitos como primeira e, muitas vezes, única alternativa de pacificação social.

José Braz da Silveira (2001:37) observa que, no Estado brasileiro, falta "a cultura do bom senso, prevalecendo a cultura do Estado patrão que na mente das pessoas tem a responsabilidade de dar solução a todos os problemas particulares, por mais banais que possam ser".

Como afirma Jéssica Gonçalves (2016:190), pelo excesso de demandas, a cultura da litigância banaliza o conflito, conecta-se ao fenômeno da judicialização da política e acarreta a crença agigantada nos pronunciamentos jurisdicionais como praticamente os únicos meios de tratamento das situações de interesses contrapostos.

Nesse sentido, como aponta Humberto Lima de Lucena Filho (2012), há uma distorção do entendimento do conceito de acesso à Justiça:

> É nela que se encontra a resistência em se implementar uma práxis pacificadora, dada sua repercussão não somente nos meandros dos cidadãos jurisdicionados, mas também na proliferação da necessidade de imposição de uma decisão (ainda que não seja a mais adequada sob o aspecto da justa composição do conflito) judicial. A significação prática disso é que a alimentação de tendências judicializadoras de disputas é fruto de um pseudossentimento de cidadania provocada [...] por uma exegese do conceito de acesso à justiça destoado da mensagem constitucional acerca do tratamento dos conflitos.

José Renato Nalini, à época presidente do Tribunal de Justiça de São Paulo, concedeu uma entrevista a Maurício Cardoso, Lilian Matsuura e Felipe Luchete (2015), assim afirmando sobre a cultura de litigância, arraigada na sociedade brasileira:

> Uma sociedade que precisa da Justiça para todo e qualquer problema é uma sociedade que está doente. No mínimo, ela sofre de infantilidade, de uma síndrome de tutela permanente [...]. Uma pessoa puerilizada, que fica esperando o Estado-juiz

> resolver os seus problemas, que não consegue resolver nem as coisas minúsculas, pequenas, corriqueiras, ela nunca vai conseguir participar da gestão da coisa pública [...]. Não se pode fazer desse país um enorme tribunal, com um juiz em cada esquina e com aquela estrutura pesada, porque ao lado do juiz tem que ter funcionários, promotor que também tem funcionários, defensor público, procurador e aquela legião de profissões jurídicas.

Desse modo, certamente a cultura de litigância, desacompanhada de uma evolução na estrutura do Poder Judiciário e da criação de novos meios de resolução de conflitos, possui repercussões negativas.

Infere-se, dessa forma, que a cultura de litigância já permeia muitos conflitos existentes no Brasil, que foram levados ao Judiciário quando poderiam ser resolvidos, de forma mais simples e efetiva, por outro meio. Tal fato, em uma análise descuidada, pode transparecer o incremento do acesso à Justiça; todavia, a cultura de litigância, que agora se constitui em crise da litigância, afoga o Estado com ações repetitivas, causando a morosidade judicial, a qual obriga, por outro lado, o Poder Judiciário a contratar novos funcionários, inflando os gastos que já são excessivos.

Nem sempre, todavia, o Judiciário consegue contratar funcionários no ritmo do incremento do número de demandas, por uma questão financeira e estrutural, contribuindo para o aumento da mora na resolução das disputas, a qual causa um efeito inverso: a repulsa da parte menos favorecida economicamente da população em buscar a efetivação dos seus direitos e, consequentemente, a mitigação do acesso à Justiça.

Os meios alternativos de resolução de conflitos e o *multidoor courthouse system*

No contexto de ineficiência do aparelho jurisdicional, como afirma Jéssica Gonçalves (2016), os métodos alternativos de resolução dos conflitos, como a mediação, a conciliação e a arbitragem, surgem como técnicas que se ocupam em fortalecer a comunicação entre os interesses disponíveis e formam o enfoque da justiça coexistencial, conciliatória ou sistema multiportas, que ampliam o conceito de acesso à Justiça na medida em que complementam o instrumento do processo civil prestado pelo Poder Judiciário na busca da pacificação, ou seja, abrem-se outras portas nos serviços de justiça prestados pelos tribunais (Gonçalves, 2016:99).

Referindo-se à origem histórica dos meios alternativos de resolução de disputas, ou *alternative dispute resolution* (ADR), e ao surgimento do conceito de tribunal multiportas, ou *multidoor courthouse system*, Gustavo Henrique Baptista Andrade (2012:5094-5095) assim destacou:

> Na verdade, foi o fim da Segunda Guerra Mundial e o desenvolvimento que lhe seguiu, principalmente nos Estados Unidos e em alguns países da Europa, que trouxe a explosão das mais variadas formas de consumo e o aumento proporcional das ações judiciais dela decorrentes.
>
> A busca de uma solução para a ameaça de estrangulamento da prestação jurisdicional norte-americana fez nascer na Universidade Harvard, localizada no Estado de Massachusetts, a sigla ADR (*Alternative Dispute Resolution*) para identificar outros meios de solução de conflitos, distinguindo-os do processo judicial.

Na mesma Universidade, Frank Sander criou o conceito de sistema multiportas ("*multidoor courthouse*") com o fim de demonstrar a necessidade de serem elaborados programas para a resolução de disputas dentro e fora dos tribunais.

Lília Maia de Morais Sales e Mariana Almeida de Sousa (2011) descrevem os métodos alternativos[1] de resolução de conflitos como "mecanismos de solução de conflitos que, com características, habilidades e técnicas próprias, oferecem a administração adequada aos diferentes tipos de conflitos".

Nas cortes sediadas nos Estados Unidos, país em que os métodos alternativos de resolução de conflitos já são bastante utilizados, as ADRs são assim entendidas:

> Um conjunto de práticas, técnicas e métodos para resolver e administrar em larga escala processos de curta duração levados às cortes judiciais. Os procedimentos alternativos de resolução de conflitos possuem diferentes formas de abordagens para o tratamento de cada espécie de problema. A partir desta ideia, as cortes judiciais que já adotam o ADR em seu cotidiano se utilizam de uma variedade de formas para alcançar uma variedade de metas. Uma corte deve determinar que um método alternativo é uma reação apropriada para as necessidades locais; outra, por sua vez, pode concluir que o mesmo método é prejudicial para as condições locais ou simplesmente não é capaz de promover a justiça em sua jurisdição [National ADR

---

[1] As autoras afirmam, ainda, que a melhor denominação para tais métodos seria "métodos 'adequados' de resolução de conflitos", considerando a importância de tais soluções em diferentes tipos e contextos de conflito. No mesmo sentido, ver também Oliveira (2014:771-796).

Institute for Federal Judges, trad. Lília Maia de Morais Sales e Mariana Almeida de Sousa].[2]

Quanto ao conceito de *multidoor courthouse*, ou tribunal de múltiplas portas, este se conecta ao dos métodos alternativos de resolução de conflitos ao estabelecer que, para que as soluções das lides sejam otimizadas, diferentes mecanismos de composição deveriam ser empregados. Conforme assevera Frank Sander (1983:23), o criador do conceito de tribunal de múltiplas portas, tal sistema estaria associado à ampliação do acesso à Justiça, ao vislumbrar um tribunal que estaria apto a receber as demandas por diversas portas.

Tania Sourdin (2004:41) destaca que Frank Sander criou, por meio do seu conceito de *multidoor courthouse*, a equivalência legal do sistema médico de triagem, objetivando, dessa forma, majorar a eficiência resolutiva liderada pelas múltiplas opções oferecidas pelo sistema proposto. Gérardine Meishan Goh (2007), no mesmo sentido, afirma que a fundamentação da necessidade de haver distintos métodos de resolução de conflitos, em um tribunal multiportas, está no fato de ser deveras dificultoso manter apenas uma forma de entrada para dar conta da resolução de todos os conflitos sociais. Desse modo, subdividir suas entradas, bem como diversificá-las, aplaca a dificuldade de manter uma centralização gerencial. De forma que, apenas em última análise, e não sendo os demais programas propostos

---

[2] No original: "*ADR is a group of practices, techniques and approaches for resolving and managing disputes short of full-scale court process. Different ADR processes target different problems and use different problem-solving approaches. Courts approach ADR in a variety of ways and to achieve varied goals. One court may determine that ADR is an appropriate response to local needs; another may conclude that ADR is ill-suited to local conditions or does not advance justice in its jurisdiction*" (National ADR Institute for Federal Judges).

passíveis de alcançar a pacificação social pretendida, é que o conflito receberia a decisão jurisdicional tradicional, por meio da prolação de uma sentença que encerrasse o conflito posto.

No mesmo sentido, Tania Almeida (2015:85-86) afirma que "visa o sistema multiportas de acesso à justiça [...] poder ampliar o número de portas de que dispomos e, sobretudo, adequar o encaminhamento de nossas questões à que for mais apropriada". Sobre os benefícios da utilização desse sistema, aponta a possibilidade de "encaminhamento da questão existente para o instrumento de resolução que ofereça maior eficácia e, consequentemente, maior eficiência", estabelecendo a seguinte comparação: "Se tivermos dois ternos no armário, precisamos eleger um ou outro para ocasiões que demandem o uso de traje formal. Se ampliarmos o número de ternos, podemos adequar o modelo ao evento, à temperatura e ao horário da ocasião, assim como à maior ou menor formalidade exigida".

Lauro Ericksen Cavalcanti de Oliveira (2014) também destaca os benefícios de um sistema multiportas para as partes e para os próprios juízes:

> Ao se formular uma multiplicidade de acolhimento das demandas (através das distintas portas), é possível se pensar em um esvaziamento da pressão de o Judiciário ter que, impositivamente, propor uma resolução prática para todos os conflitos. Esse elemento psicológico é fundamental, não apenas para as próprias partes, que se sentem mais propensas a um meio-termo resolutório, mas também para os próprios juízes, que deixam de estar sobrecarregados em suas funções cotidianas.

Sobre o funcionamento desses tribunais multiportas, Lília Maia de Morais Sales e Mariana Almeida de Sousa (2011) assim descrevem:

Preliminarmente, faz-se uma avaliação da querela por meio de pessoal especializado a fim de identificar, às partes ou interessados, qual instrumento de resolução de demandas (ou "porta") será mais adequado à causa. O profissional responsável pela condução do caso pode ser um negociador, um conciliador, um mediador, um árbitro, ou um juiz. O importante é que se busquem métodos dirigidos especificamente ao problema identificado. Interessante notar que as técnicas alternativas convivem de forma harmoniosa e articulada com o sistema de Justiça e recebem financiamento e suporte do Poder Público. [...]. Nesse caso, um litigante seria canalizado pela seleção da entrada à porta correta no sistema de múltiplas portas. As multiportas têm o poder de fazer com que todos os serviços de resolução de conflitos estejam disponíveis em um único local, incluindo aí a seleção de entrada, passo inicial. É claro que em situações apropriadas, as partes litigantes podem ser aconselhadas a procurar procedimentos de resolução de conflitos externos à corte que abriga o sistema de multiportas, mas em geral o sistema de múltiplas portas atua como um centro de "parada única" para a solução de conflitos.

[...] Na ocorrência da submissão de uma disputa no sistema de multiportas, as partes, de forma independente, indicaram os meios que preferiram de resolução da lide. Após, é pedido que as partes se submetam a um compromisso confidencial. Ademais, a depender dos interesses envolvidos no conflito, também deverão assinar um compromisso confidencial acerca de questões políticas, econômicas e técnicas de interesse para a solução da divergência. Após todo esse processo de conhecimento do conflito e dos interesses envolvidos é que se decidirá qual a "porta" mais adequada para receber o conflito. Isso serve para o caso de as partes não concordarem com o método escolhido (ou seja, cada uma escolhe um mecanismo). Quando isso ocorre, o meio é escolhido por profissionais especializados que trabalham junto às múltiplas portas.

Quanto aos critérios para a utilização de determinado mecanismo em detrimento de outro, nos casos trazidos aos tribunais multiportas, Lília Maia de Morais Sales e Mariana Almeida de Sousa (2011), citando Frank Sander (1979), destacam que foram cinco os aspectos listados por esse professor: a natureza da disputa, o relacionamento entre as partes, os valores em disputa, o custo na resolução da disputa e a velocidade na resolução da disputa.

Desse modo, analisados tais aspectos no âmbito da demanda trazida ao tribunal multiportas, sua resolução seria por meio da aplicação do método que mais se adequasse aos critérios, conforme o parecer dos profissionais encarregados.

Sander e Rozdeiczer (2006:2) ainda listam três principais desafios à utilização de meios alternativos de resolução de conflitos por meio de um tribunal de múltiplas portas, assim descritos na tradução de Charlise Paula Colet Gimenez (2016:115):

> A importância da presente discussão reside em escolher a ferramenta/método mais eficaz para a disputa, a qual dará aos conflitantes a maior satisfação aos seus interesses. Em segundo lugar, importa em convencer o oponente acerca das vantagens em adotar formas complementares mais específicas ao conflito em si; e, em terceiro, em convencer ao Tribunal do porquê da escolha de uma porta em detrimento de outra, ou vice-versa.

Contextualizada a criação do conceito de tribunal de múltiplas portas, analisados seus benefícios e relatado seu funcionamento, passa-se a uma análise do eConciliar em seus aspectos técnicos específicos.

O eConciliar e seus aspectos técnicos

O eConciliar consiste em uma plataforma virtual que viabiliza a realização de acordos entre pessoas, físicas ou jurídicas, envolvidas em litígios que versem sobre direitos patrimoniais disponíveis e que estejam em estágio inicial de judicialização.

A concepção dessa ferramenta deu-se a partir da constatação da necessidade inerente da população brasileira em agilizar seus processos judiciais que se encontram em tramitação, uma vez que o atual sistema brasileiro não suporta tamanha demanda. A principal reclamação daqueles que lidam diariamente com o Poder Judiciário é a morosidade da prestação jurisdicional. Isso decorre do fenômeno de "superjuridificação", isto é, do acionamento exacerbado do Judiciário para a resolução de conflitos. Segundo dados da FGV (ICJBrasil), em uma escala de 0 a 10, a população brasileira dá nota 5,2 para o Judiciário, e apenas 42% das pessoas afirmam confiar em nossa Justiça. Já segundo os dados do levantamento anual "Justiça em números", feito pelo Conselho Nacional de Justiça (CNJ), os números de processos judiciais brasileiros passaram de 105 milhões em 2015. Na média, esse número significa um processo para cada dois brasileiros.

Conforme dados da "Justiça em números" para o ano de 2017, 80,1 milhões de processos estão aguardando a solução definitiva. A baixa nesse número já se deve à, entre outros fatores, utilização de meios alternativos de solução de disputas. Os mesmos dados colhidos pelo CNJ informam que, em 2017, 3,7 milhões de processos encerraram com a sentença homologatória de acordos.

Nesse contexto, a plataforma virtual eConciliar tem como objetivo aproximar os advogados das partes que compõem a relação processual, permitindo que eles interajam de uma forma confiável, célere e segura, tudo com a finalidade de alcançar uma composição dos interesses de seus clientes, contribuindo dessa forma para uma mais rápida solução das questões propostas perante o Poder Judiciário, colaborando com a Justiça.

A metodologia adotada consiste nas seguintes fases: na primeira delas, a plataforma fará a leitura da distribuição dos processos, no *Diário da Justiça* de cada estado, que podem tramitar de forma online; depois, a plataforma entrará automaticamente em contato, via e-mail, com os advogados das partes, convidando-os a dar continuidade à negociação via eConciliar. A transação é feita mediante a emissão virtual de lances, no qual uma parte não tem acesso ao lance da outra. As rodadas de lance serão limitadas a três lances. Havendo convergência de interesses entre as partes, o sistema gerará um acordo extrajudicial com as devidas assinaturas eletrônicas dos advogados, o qual será peticionado nos autos do processo e submetido à homologação pelo juiz.

O eConciliar visa impactar positivamente não apenas as partes de um processo, mas sim a sociedade brasileira como um todo. A missão dessa plataforma consiste em oferecer uma ferramenta prática e justa para os advogados, um verdadeiro instrumento à otimização da resolução de seus processos judiciais em tramitação. Dessa forma, espera-se uma significativa redução do número de processos em tramitação no sistema judicial brasileiro e, consequentemente, a amenização no efeito da morosidade na prestação jurisdicional brasileira.

O projeto da plataforma tem como objetivo viabilizar a aproximação dos advogados das partes que compõem a relação processual. Para o alcance desse objetivo, visa-se desenvolver uma ferramenta online, prática, segura, economicamente viável, socialmente justa e ecologicamente correta que auxilie na redução do número de processos em tramitação no sistema judiciário. O grande desafio da equipe consiste em aplicar uma metodologia de conciliação baseada em lances, na qual uma parte não tem acesso ao lance da outra, através de uma plataforma virtual. A plataforma utilizará a linguagem de computação "Java" para implementar o leitor de *Diários de Justiça*, um autenticador digital e um assinador digital que reconheçam os certificados digitais de cada advogado. Também será usada a linguagem "Ruby", em conjunto com o *framework* "Rails", para construção do site e da lógica de lances que terá integração com um banco de dados SQL utilizando o gerenciador de banco de dados "PostgreSQL".

O principal desafio técnico/científico a ser superado pela empresa consiste em garantir um alto nível de segurança ao servidor de banco de dados e ao servidor web da plataforma, pois o eConciliar será uma plataforma que lidará com dados bancários de clientes e também com dados de processos judiciais que podem ser sigilosos. São necessários pesquisa e desenvolvimento relacionados a criptografia SSL e mecanismos de proteção do servidor e dos dados dos clientes para todas as etapas e funcionalidades da plataforma. Questões relacionadas à segurança são primordiais ao negócio, e grandes recursos serão alocados para que esse desafio seja superado.

Como resultado final, almeja-se a obtenção de uma plataforma virtual rápida, eficiente e segura baseada nas especificações já apresentadas anteriormente. Espera-se que essa tecnologia seja utilizada em todo o território brasileiro e nas mais diversas instâncias jurídicas (escritórios de advocacia, fóruns, tribunais, entre outros) e que a mesma impacte positivamente a vida de toda a população do estado do Ceará e, por extensão, a população brasileira com um todo.

Conclusão

Conclui-se, com o presente trabalho, primeiramente, que a crise de litigância, exacerbação da cultura de litigância, foi um fenômeno causado, em um primeiro momento, pela crescente regulação das relações sociais e econômicas pelo Estado, em que, no Brasil, a Constituição Federal de 1988 se caracterizou como um marco. Isso, porque esta, por meio de seus princípios e de suas diretrizes, determinou o reconhecimento de muitos direitos antes não tutelados pelo Estado, acarretando na população um sentimento de possuir previsão legal, ora em um ambiente democrático, para exigir do Estado o cumprimento de seus direitos. Como exemplos, não necessariamente atrelados à Constituição de 1988, estão os direitos consumeristas, a evolução dos direitos trabalhistas e o próprio fenômeno atual da publicização e constitucionalização do direito privado.

Desse modo, a partir das novas regulamentações das relações sociais, trabalhistas, econômicas e afins, cresce a demanda pelo Poder Judiciário, por haver, nesse momento, previsões legais e, muitas vezes, constitucionais para fundamentar as ações ajuizadas.

Ocorre que, sem haver a adoção de métodos alternativos de resolução de disputas, o Poder Judiciário encontrou-se abarrotado de ações, em muitos casos repetitivas e banais. Assim, o modelo tradicional de processo, o tripartido, encontra-se atualmente em crise, por não poder com a atual estrutura do Poder Judiciário (que já gera gastos consideráveis ao erário estatal) garantir o pleno acesso à Justiça aos cidadãos, aqui entendido como a prestação de uma tutela justa em um tempo minimamente razoável.

Nesse contexto, também influenciadas pelo surgimento do conceito de *multidoor courthouse system*, ou tribunal de múltiplas portas, surgiram as primeiras regulamentações dos métodos alternativos de resolução de conflitos no Brasil, com o fito de desafogar o Poder Judiciário.

Apesar de longe de se igualar a países como os Estados Unidos, o Brasil dá um salto em direção à popularização dos meios alternativos de resolução de disputas, quando da vigência do novo Código de Processo Civil, o qual prevê expressamente a adoção da mediação e da conciliação em fases prévias à instrução processual. Além disso, a própria arbitragem, também reflexo de um Poder Judiciário lento e nem sempre especializado, evolui e cresce enquanto método de solução de conflitos.

Ocorre, no entanto, que o país ainda está longe de adotar um sistema de racionalização do uso dos meios alternativos, que seria o verdadeiro tribunal de múltiplas portas, pois não há um filtro com possibilidades variadas de solução de conflitos, nem mesmo profissionais ou um próprio sistema adequado de análise prévia das demandas, a fim de direcioná-las ao meio mais propício de resolução.

Destarte, a percepção final é de que os métodos alternativos de resolução de disputas estão evoluindo e se popularizando, mas ainda há a necessidade da criação de um sistema mais racional para sua utilização, que realmente consistiria em um tribunal de múltiplas portas e certamente difundiria tais institutos, que passariam, cada vez mais, a integrar a cultura de resolução de conflitos no Brasil.

Nesse cenário, surge o eConciliar, com o objetivo de ser uma plataforma eficiente e segura para que as partes cheguem a um acordo, contribuindo para a célere solução de litígios que tramitam no Poder Judiciário.

Referências

ALMEIDA, Tania. Mediação e conciliação: dois paradigmas distintos, duas práticas diversas. In: SOUZA, L. M. de (Coord.). *Mediação de conflitos*: novo paradigma de acesso à justiça. Santa Cruz do Sul: Essere nel Mondo, 2015.

ANDRADE, Gustavo Henrique Baptista. A mediação e os meios alternativos de resolução de conflitos. *Revista do Instituto do Direito Brasileiro* (RIDB), Lisboa, ano 1, n. 9, p. 5094-5095, 2012.

CARDOSO, Maurício; MATSUURA, Lilian; LUCHETE, Felipe. *Sociedade deve escolher se resolve seus litígios ou paga para a Justiça resolvê-los*. Disponível em: <www.conjur.com.br/2015-out-11/entrevista-jose-renato-nalini-presidente-tj-sp#:~:text=Uma%20sociedade%20que%20precisa%20da,Renato%20Nalini%20%E2%80%93%20Sim >. Acesso em: 12 out. 2015.

CNJ (Conselho Nacional de Justiça). *Justiça em números*. Disponível em: <http://www.cnj.jus.br/pesquisas-judiciarias/justicaemnumeros/2016-10-21-13-13-04/pj- justica-em-numeros>. Acesso em: 15 out. 2015.

FGV (Fundação Getulio Vargas). *Índice de confiança na justiça brasileira (ICJBrasil)*. Disponível em: <https://direitosp.fgv.br/publicacoes/icj-brasil>. Acesso em: 20 out. 2015.

GIMENEZ, C. P. C. *O papel do terceiro mediador na política pública brasileira de tratamento de conflitos*: Resolução nº 125 de 29 de novembro de 2010 do Conselho Nacional de Justiça brasileiro – à luz da experiência do modelo do tribunal de múltiplas portas do distrito de Columbia, Estados Unidos da América. Tese (doutorado em direito) – Universidade de Santa Cruz do Sul, 2016.

GOH, Gérardine Meishan. *Dispute settlement in international space law*: a multi-door courthouse for outer space. Leiden: Koninklijke Brill, 2007.

GONÇALVES, Jéssica. *Acesso à justiça*: do modelo competitivo de estabilização dos conflitos à estratégia cooperativa. Dissertação (mestrado em direito) – Centro de Ciências Jurídicas, UFSC, 2016.

LUCENA FILHO, Humberto Lima de. *A constitucionalização da solução pacífica de conflitos na ordem jurídica de 1988*. Dissertação (mestrado em direito) – UFRGS, 2012.

OLIVEIRA, Lauro Ericksen Cavalcanti de. Conflitos sociais e mecanismos de resolução: uma análise dos sistemas não judiciais de composição de litígios. *Revista Jurídica da Presidência*, Brasília, v. 15, n. 107, p. 771-796, 2014.

SALES, Lília Maia de Morais. *Justiça e mediação de conflitos*. Belo Horizonte: Del Rey, 2004. p. 36.

_____; SOUSA, Mariana Almeida de. O sistema de múltiplas portas e o Judiciário brasileiro. *Direitos Fundamentais e Justiça*, Porto Alegre, ano 5, n. 16, p. 204-220, jul./set. 2011.

SALLES, Carlos Alberto. Mecanismos alternativos de solução das controvérsias e acesso à justiça: inafastabilidade da tutela jurisdicional. In: FRUZ, Luiz (Coord.). *Processo e Constituição*: estudos em homenagem ao professor José Carlos Moreira. São Paulo: Revista dos Tribunais, 2006.

SANDER, Frank E. A. Varieties of dispute processing. In: LEVIN, L. A.; RUSSEL, W. R. (Ed.). *The pound conference*: perspectives on justice in the future. Saint Paul: West Publishing, 1979.

_____. *The multi-door courthouse*. Nova Orleans: Louisiana State University Press, 1983.

_____; ROZDEICZER, Lukasz. Matching cases and dispute resolution procedures: detailed analysis leading to a mediation-centered approach. *Harvard Negotiation Law Review*, primavera, p. 1-28, 2006.

SILVEIRA, José Braz da. *Arbitragem*: nas locações de imóveis urbanos. Florianópolis: Obra Jurídica, 2001.

SOURDIN, Tania. *Alternative dispute resolution and the courts*. Riverwood: The Federation Press, 2004.

SPENGLER, Fabiana Marion; SPENGLER NETO, Theobaldo (Coord.). *Mediação enquanto política pública*: a teoria, a prática e o projeto de lei. Santa Cruz do Sul: Edunisc, 2010.

WATANABE, Kazuo. A mentalidade e os meios alternativos de solução de conflitos no Brasil. In: _____ et al. (Coord.). *Mediação e gerenciamento do processo*: revolução na prestação jurisdicional. São Paulo: Atlas, 2008.

Mapeamento da plataforma Mercado Livre

Ricardo Lagreca Siqueira

Dados entidade/empresa

1. **Nome da entidade/empresa/estrutura:** Mercadolivre.Com Atividades de Internet Ltda.
2. **Endereço:** *****
3. **Website:** <www.mercadolivre.com.br>.
4. **Tempo de atividade da entidade/empresa:** 21 anos.
5. **Nome do(a) entrevistado(a):** Ricardo Lagreca Siqueira.
6. **Função/cargo do(a) entrevistado(a):** diretor jurídico sênior.
7. **Período na função:** sete anos no Mercado Livre.
8. **Data da entrevista:** 18/12/ 2020.

Mecanismo – ODR

9. **Qual(is) método(s) adequado(s) de solução de conflitos previsto(s)?**
   O canal de resolução de disputas online (ODR) é composto de duas fases: reclamação e mediação. O usuário precisa passar, obrigatoriamente, pela primeira fase para chegar até a segunda. Primeira fase – Reclamação: a plataforma apenas coloca em contato o comprador e o vendedor. As partes, por meio de uma negociação, resolvem

sozinhas e, se não chegam a alguma solução, podem "abrir" uma mediação (por meio de um botão que aparece ao final dessa primeira fase: "Pedir ajuda do Mercado Livre"). Segunda fase – Mediação: a equipe do Mercado Livre vai analisar a reclamação e tomar uma decisão, seja em favor do comprador, do vendedor ou de ambos. Chamamos de mediação atípica porque é o próprio Mercado Livre fazendo essa mediação. Alguns números: das reclamações recebidas, 70% são resolvidas ainda na primeira fase (reclamação), ou seja, as partes (comprador e vendedor) resolveram sozinhas o conflito, sem nenhuma ajuda. O restante (30%) que foi derivado para a segunda fase (mediação), em 100% dos casos houve uma definição, ou seja, a equipe interna tomou uma decisão em 100% dos casos que entraram nessa fase (seja em favor do comprador, vendedor ou ambos). Além do incentivo ao uso da plataforma do Consumidor.gov.br.

10. **Houve a combinação de atuação humana e tecnológica? Ou o sistema é totalmente automatizado? Poderia fazer uma breve descrição?**

É um modelo híbrido, há a combinação de atuação humana com a tecnologia, ou seja, a empresa tem uma árvore de decisão para definição do fluxograma das reclamações; no entanto, existem equipes internas especializadas interagindo em algumas etapas no fluxo.

11. **Qual era/é o fluxo para a resolução de conflitos (fluxograma)?**

12. **Houve interação com os outros órgãos, como o Judiciário, agências reguladoras e Procons?**

    Não, o sistema de ODR do Mercado Livre não contou com a interação de órgãos para sua criação. No entanto, atuamos em parceria com esses órgãos para a solução de conflitos recebidos por essas esferas. Além disso, a empresa passa por processos de retroalimentação a fim de implementar melhorias contínuas nas ferramentas de ODR do Mercado Livre.

13. **Há integração com outra(s) plataforma(s)? Como isso funciona?**

    Não há integração. Todo o fluxo ocorre por meio da própria plataforma do Mercado Livre.

14. **Foram previstas ferramentas de acessibilidade digital na plataforma? Para atender a quais necessidades (p. ex. visuais, auditivas, outras)?**

    Cumprimos a legislação sobre o tema.

15. **Foi elaborado um guia do usuário para acesso à plataforma?**

    O passo a passo é bastante intuitivo e ainda há detalhamento nos Termos e Condições de Uso do Programa, chamado de Compra Garantida e FAQs específicas. Além de um vídeo no YouTube que ensina o caminho para abertura de uma reclamação no site. <www.youtube.com/watch?v=aR8LbXM4uQs&feature=youtu.be>; <www.mercadopago.com.br/ajuda/compra-garantida_521>; <www.mercadolivre.com.br/compra-garantida>.

Descritivo

16. **Quais eram os objetivos da construção da ODR?**

    Diante de uma empresa de tecnologia, em que as compras são concretizadas em segundos, foi necessário criar uma forma de resolução de conflitos que atendesse ao objetivo dos seus usuários: agilidade. Além disso, um canal rápido e eficiente com um olhar resolutivo e preventivo incentiva a desjudicialização, um dos grandes objetivos do Mercado Livre.

17. **Quais foram os critérios para eleger os conflitos que seriam tratados via ODR (territorial, nível de complexidade, vínculo das partes, natureza do direito)?**

    Os critérios para ser atendido pelo programa Compra Garantida são comprar na plataforma Mercado Livre e pagar pelo meio de pagamento Mercado Pago (100% das compras feitas na plataforma são processadas via Mercado Pago) e atender aos prazos do programa. No entanto, desde a concretização de uma compra e venda realizada na plataforma do Mercado Livre, os usuários podem se comunicar por meio de um campo denominado Mensageria. Caso haja algum problema com a compra, todos os usuários compradores, independentemente de territorialidade ou nível de complexidade do ocorrido, podem iniciar uma reclamação junto ao vendedor. Caso o vendedor não responda ou não auxilie o comprador da forma desejada, o comprador pode iniciar uma mediação, solicitando o auxílio do Mercado Livre.

18. **A ODR foi pensada para um período determinado ou é uma política da empresa?**

    É uma política da empresa.

19. **Como foi viabilizada financeiramente a operacionalização da ODR?**

    O investimento financeiro é da própria empresa.

20. **Para qual perfil de partes o sistema foi projetado?**

    Para todos os usuários da plataforma do Mercado Livre, sejam eles compradores ou vendedores.

21. **Quais eram os atores, além das partes, que compunham o sistema?**

    Além de vendedor e comprador, na etapa de mediação, temos também a figura do mediador do Mercado Livre. Chamamos essa fase de mediação atípica, porque essa mediação é feita por um funcionário do Mercado Livre.

22. **Qual a natureza da decisão (vinculante ou não vinculante)?**
A decisão da mediação é vinculante, pois ao final, caso as partes não tenham chegado a um consenso, o mediador do Mercado Livre decide em favor do comprador, do vendedor ou de ambos de acordo com as regras da plataforma, sobretudo conforme o Programa Compra Garantida.

23. **Poderia descrever um caso real para fins ilustrativos (com a anonimização dos dados das partes, se preciso)?**
Usuário comprou um *smartphone* Blu C5 2019 cinza 16g original, no valor de R$ 399,00 com pagamento através do Mercado Pago, no dia 21/10/2019. Entretanto, chegou para ele um produto diferente do escolhido. Com isso, o usuário abriu uma reclamação na operação de compra, convertida depois em mediação e intermediada por um representante do Mercado Livre, o qual solicitou ao comprador que devolvesse o produto ao vendedor para que realizasse a troca. Vale ressaltar que disponibilizamos a etiqueta de devolução ao comprador, sem custo. O mediador do Mercado Livre esperou que o produto chegasse ao vendedor para que este realizasse a troca pelo celular correto, porém, como não recebemos resposta do vendedor referente à troca, a mediação foi encerrada a favor do comprador. Como este cumpria todos os requisitos do nosso programa Compra Garantida o seu dinheiro foi devolvido integralmente.

Resultados

24. **Qual é o número de casos processados desde a criação da ODR?**
É uma informação confidencial; por isso, não é possível fornecer.

25. **Qual a média de novos casos por ano?**
É uma informação confidencial; por isso, não é possível fornecer.

26. **Qual o percentual de acordos?**

    Das reclamações recebidas, 70% são resolvidas ainda na primeira fase (reclamação), ou seja, as partes (comprador e vendedor) resolveram sozinhas o conflito, sem nenhuma ajuda. O restante (30%) que foi derivado para a segunda fase, Mediação, em 100% dos casos houve uma definição, ou seja, a equipe interna tomou uma decisão em 100% dos casos que entraram nessa fase (seja em favor do comprador ou vendedor).

27. **Quais foram os índices de satisfação do usuário com a plataforma?**

    A satisfação do usuário é medida pelo NPS (net promoter score). A informação dos índices é confidencial; por isso, não é possível divulgar.

28. **Os usuários costumam retornar à plataforma para solucionar outros casos?**

    Sim, a maioria dos usuários utiliza de forma costumeira os canais de ODR da empresa diante de eventuais conflitos.

29. **Há usuários permanentes?**

    Sim, há usuários que compram com muita frequência na plataforma e, por isso, quando têm um problema em alguma compra, usam o canal de ODR para solucionar eventual conflito.

30. **O que a ODR representou/representa em termos de otimização da gestão empresarial?**

    Para nós do Mercado Livre, a ODR representa uma parte importante em termos de otimização da gestão empresarial ao dar o empoderamento ao usuário para resolver seus conflitos, fornecendo assim agilidade e eficiência nas soluções.

31. **Qual o perfil de parte que mais acessou o sistema?**

    É uma informação confidencial; por isso, não é possível fornecer.

32. **Quais as medidas de transparência adotadas?**

    Buscamos ter uma comunicação clara com nossos usuários. Falando especificamente do canal de ODR, temos cláusula nos Termos e Condições Gerais da plataforma – "19. Solução de controvérsias"

–, Termos e Condições do Programa Compra Garantida, vídeo no YouTube explicando como entrar com a reclamação e reforçando os requisitos, principalmente os prazos, landing page do programa. Nas interações com nossos usuários essas informações são reforçadas. <www.mercadolivre.com.br/ajuda/Termos-e-condicoes-gerais-de--uso_1409>; <www.mercadopago.com.br/ajuda/compra-garantida_521>; <www.mercadolivre.com.br/compra-garantida>.

33. **Foram necessários ajustes ao longo da resolução de conflitos? Em caso positivo, de que ordem foram essas adequações (administrativa, método escolhido ou procedimental, entre outros)?**

    Estamos sempre implementando ajustes nos fluxos visando à melhor experiência de nossos usuários.

34. **Foram realizadas adaptações em razão da LGPD?**

    No Mercado Livre, consideramos a proteção de dados pessoais uma oportunidade para gerar valor aos nossos usuários, visitantes e colaboradores. Ao fazer uso responsável das informações pessoais, não apenas protegemos a privacidade daqueles que nos confiaram seus dados, mas também garantimos a criação de valor para o usuário, que tem a oportunidade de usufruir de uma experiência melhor em nosso ecossistema. O Mercado Livre sempre se preocupou em adotar medidas para garantir a proteção e a segurança dos dados pessoais de seus usuários e colaboradores. No entanto, com o advento da LGPD, precisou se preparar para atender às regras específicas sobre o tratamento de dados pessoais trazidas por essa lei. O projeto de adequação incluiu as seguintes etapas: (1) mapeamento: essa etapa foi essencial para entender os fluxos de dados pessoais e eventuais medidas de adequação; (2) classificação: consiste na classificação de cada atividade de tratamento de acordo com as bases legais da LGPD (consentimentos, legítimo interesse, obrigação legal, obrigação contratual etc.); (3) adequação de políticas e contratos; (4) treinamentos internos. Entre as adaptações e melhorias realizadas pelo Mercado

Livre, cabe ressaltar que a empresa criou um portal de privacidade com orientações aos nossos usuários sobre o tratamento de seus dados pessoais e o nosso compromisso em cuidar dessas informações em nosso ecossistema: <www.mercadopago.com.br/privacidade> e <www.mercadolivre.com.br/privacidade/>.

Consumidor.gov.br: uma plataforma online para resolução de conflitos de consumo baseada em colaboração, transparência e competitividade

Lorena Tamanini Rocha Tavares

Introdução

O Consumidor.gov.br é um serviço público para solução de conflitos de consumo pela internet, monitorado pela Secretaria Nacional do Consumidor (Senacon) do Ministério da Justiça, Procons, Defensorias Públicas, Ministérios Públicos, órgãos de controle, agências reguladoras, entre outros órgãos, e por toda a sociedade. A ferramenta, concebida com base em princípios de transparência e controle social, possibilita a resolução de conflitos de consumo de forma rápida e desburocratizada. Além disso, fornece ao Estado informações essenciais à elaboração e execução de políticas públicas de defesa dos consumidores e incentiva a competitividade no mercado pela melhoria da qualidade de produtos, serviços e do atendimento ao consumidor.

A principal inovação no modelo de atuação dessa plataforma pública se dá pelo fato de, durante o processo de atendimento ao cliente, ser dispensada intermediação de um representante dos órgãos de defesa do consumidor. Ou seja, o diálogo para solução ocorre exclusivamente entre consumidor e fornecedor, sem qualquer tipo de moderação meritória.

A performance das empresas, no tocante ao esforço para resolução dos casos recebidos, pode ser analisada por qualquer interessado (outros consumidores ou até mesmo concorrentes) de forma absolutamente transparente, como demonstraremos com mais detalhes adiante.

Este capítulo pretende, portanto, discorrer sobre o contexto do surgimento do Consumidor.gov.br, os problemas a que a plataforma buscou responder e, principalmente, sobre o processo de construção de sua proposta de valor. Com a apresentação desses elementos é possível compreender as razões do sucesso dessa política voltada para a resolução de conflitos de consumo, de forma ágil e efetiva, por meio da internet.

Contexto de surgimento do Consumidor.gov.br

A criação dos órgãos públicos de defesa do consumidor fundamentou-se na tarefa do Estado de proteger o consumidor por meio da fiscalização das relações de consumo e da solução de conflitos individuais e coletivos na via administrativa (Benjamin, Marques e Bessa, 2009:327).

Segundo dados divulgados pela Senacon, a atuação desses órgãos na resolução de conflitos é cada vez maior na atual sociedade de consumo, sobretudo porque, além de apresentarem elevados índices de acordo, proporcionam soluções rápidas às demandas do cidadão, evitando o encaminhamento desses conflitos ao Judiciário.

Diariamente, esses órgãos atendem a milhares de conflitos entre cidadãos e fornecedores. O atendimento prestado pelo

Procon permite contato direto com o consumidor e oportuniza uma orientação efetiva. Neste sentido, anualmente, os Procons realizam aproximadamente 2,5 milhões de atendimentos e registram um percentual médio de resolução de demandas de 80%.[1]

A questão é que boa parte dos milhares de municípios brasileiros não possui atendimento de nenhum órgão administrativo de defesa do consumidor.[2] Ou seja, o nível de alcance desses órgãos é muito reduzido quando comparado com a quantidade de consumidores brasileiros. Para muitos destes, a porta mais próxima de assistência estatal acaba sendo o já assoberbado Poder Judiciário.

De forma bastante resumida, este foi o contexto em que a Senacon, do Ministério da Justiça e da Segurança Pública, em decorrência de suas atribuições legais, se propôs a discutir e implementar uma nova plataforma que possibilitasse aos consumidores endereçar seus problemas de consumo não resolvidos com as empresas, por meio da internet.

A Senacon, criada pelo Decreto nº 7.738, de 28 de maio de 2012, integra o Ministério da Justiça e tem suas atribuições estabelecidas no art. 106 do Código de Defesa do Consumidor e no

---

[1] Dados apurados na matéria "Telefonia é o setor mais reclamado nos Procons, com 29% de 2,46 milhões de queixas" (*O Globo*, 16 mar. 2017). Disponível em: <https://oglobo.globo.com/economia/defesa-do-consumidor/telefonia-o-setor-mais-reclamado-nos-procons-com-29-de-246-milhoes-de-queixas-21070182>. Acesso em: ago. 2021.

[2] O Sistema Nacional de Informações de Defesa do Consumidor (Sindec) é o sistema informatizado que integra o atendimento realizado por Procons de 26 estados, o do Distrito Federal e os de 435 municípios. Como vários desses Procons contam com mais de uma unidade, o sistema abrange 733 unidades espalhadas por 639 cidades brasileiras. Esses Procons atendem a uma média mensal de 205 mil consumidores. A lista completa de Procons integrados e sua respectiva data de integração pode ser consultada em: <http://portal.mj.gov.br/SindecNacional/>. Acesso em: ago. 2021.

art. 3º do Decreto nº 2.181/1997. Sua atuação concentra-se no planejamento, elaboração, coordenação e execução da Política Nacional das Relações de Consumo, com os objetivos de: (1) garantir a proteção e exercício dos direitos dos consumidores; (2) promover a harmonização nas relações de consumo; (3) incentivar a integração e a atuação conjunta dos membros do Sistema Nacional de Defesa do Consumidor (SNDC); (4) participar de organismos, fóruns, comissões ou comitês nacionais e internacionais que tratem da proteção e defesa do consumidor ou de assuntos de interesse dos consumidores, entre outros.

Entre as principais ações da Senacon, destaca-se atuar pela integração dos órgãos de defesa do consumidor e pela implementação dos objetivos do Plano Nacional de Consumo e Cidadania (Plandec).

O Plano Nacional de Consumo e Cidadania (Plandec)

O Plano Nacional de Consumo e Cidadania (Plandec), instituído pelo Decreto nº 7.963, de 15 de março de 2013, tem como objetivo, entre outros, a promoção da proteção e defesa dos consumidores em todo o território nacional, por meio da integração e articulação de políticas, programas e ações, reunindo diversas áreas do governo e da sociedade civil organizada.

O plano focou em três principais eixos de atuação: prevenção e redução de conflitos; regulação e fiscalização; e fortalecimento do Sistema Nacional de Defesa do Consumidor (SNDC).

Para a consecução dos objetivos do Plandec, em 28 de agosto de 2013, foi instituída, no âmbito da Senacon, a Portaria nº 24, que criou grupo de trabalho composto exclusivamente por técnicos dos órgãos de defesa do consumidor de cada uma das cinco regiões brasileiras, para assessorar a secretaria na execução de ações voltadas para a elaboração de projeto de criação da nova plataforma de atendimento aos consumidores pela internet, que mais tarde veio a se chamar Consumidor.gov.br.

No decurso do trabalho desse grupo, sob a liderança da Senacon, foi discutido e elaborado o conceito da plataforma, resultando numa proposta de valor que viria a romper com o modelo tradicional de atendimento aos consumidores realizado pelo poder público.

Proposta de valor do Consumidor.gov.br

Uma proposta de valor resolve um problema ou satisfaz uma necessidade de um consumidor (Osterwalder e Pigneur, 2011:22), e foi exatamente com a perspectiva de responder a um problema do consumidor brasileiro que nasceu a plataforma Consumidor.gov.br.

Antes de mais nada, cumpre delimitar, nos termos das políticas públicas, quem seria este cidadão-consumidor: "Art. 2º. Consumidor é toda pessoa física ou jurídica que adquire ou utiliza produto ou serviço como destinatário final" (Lei nº 8.078/1990).

Como já brevemente relatado na introdução deste capítulo, atualmente os consumidores que possuem algum tipo de controvérsia em face de empresas com as quais contrataram serviços ou das quais adquiriram produtos podem recorrer a órgãos do Estado, tais como o Procon, reguladores ou ainda do Judiciário para tentar solucionar o problema. Isso, é claro, caso não tenham obtido êxito nos próprios canais da empresa, como o SAC e a Ouvidoria.

A questão é que a ampla maioria dos munícipios brasileiros não possuía um Procon e aqueles que o possuíam disponibilizavam atendimento na modalidade presencial, cuja dinâmica de funcionamento já não respondia aos anseios da população que clama por serviços mais céleres e eficientes.[3]

Então, se por um lado o Estado, na figura da Secretaria Nacional do Consumidor, necessitava dedicar ao cidadão um serviço mais eficiente e assertivo que o apoiasse na resolução de seus problemas de consumo, por outro detinha a secretaria o desafio de conciliar a execução dessa frente (de atendimento e harmonização das relações) com suas demais atribuições legais, quais sejam, aquelas relacionadas ao exercício dos princípios previstos na Política Nacional de Relações de Consumo, nos termos do Código de Defesa do Consumidor (Lei nº 8.078/1990).

O ponto é que o inciso III do art. 4º da Lei nº 8.078/1990,[4] que por sua vez esculpe a Política Nacional de Relações de Consumo, evidencia o tamanho do desafio da Senacon, que por atribuição legal deve promover a harmonização das relações entre os participantes das relações de consumo, quais sejam,

---

[3] A partir de 17 de junho de 2013, pouco depois de iniciados os grupos da discussão voltada para a construção da plataforma que mais tarde viria a ser o Consumidor.gov.br, ocorreram aquelas que ficaram conhecidas como "Manifestações de Junho de 2013". Inicialmente relacionadas ao aumento do valor da passagem na capital paulista, as manifestações se estenderam por nove capitais do país reunindo milhares de pessoas que bradavam pela melhoria dos serviços públicos e pelo fim da corrupção. Ver: <http://acervo.oglobo.globo.com/fatos-historicos/o-brasil-foi-as-ruas-em-junho-de-2013-12500090>. Acesso em: jul. 2021.

[4] Lei nº 8.078/1990: "Art. 4º. [...] III - harmonização dos interesses dos participantes das relações de consumo e compatibilização da proteção do consumidor com a necessidade de desenvolvimento econômico e tecnológico, de modo a viabilizar os princípios nos quais se funda a ordem econômica (art. 170 da Constituição Federal), sempre com base na boa-fé e equilíbrio nas relações entre consumidores e fornecedores; [...]".

consumidores e fornecedores, observados dois princípios: o direito do consumidor e o desenvolvimento da ordem econômica. A seguir, discorremos sobre três pontos que já dão conta de demonstrar o tamanho e a complexidade desse desafio, que, repise-se, seria o pano de fundo do desenvolvimento do Consumidor.gov.br.

O primeiro ponto refere-se à estrutura de atuação do SNDC, totalmente alinhado com o modelo constitucional federativo brasileiro. Ou seja, entre a Senacon em âmbito federal e os Procons em âmbito estadual e municipal não há qualquer vínculo de hierarquia e subordinação, o que, na prática, permite que esses órgãos adotem visões e posturas diferentes na interpretação de questões que envolvem direitos e interesses dos consumidores, inclusive para o efetivo exercício do poder de polícia.

O contexto acima remete imediatamente ao segundo ponto de desafio, por sua vez, a grande amplitude e profundidade de possíveis temas de atuação pelos órgãos de defesa do consumidor. Para exemplificar, pode variar de fiscalização de produtos impróprios ao consumo à discussão da regulação de alimentos transgênicos, da qualidade dos serviços de internet banda larga à proteção de dados pessoais, da regulação econômica à regulação técnica, e por aí vai.

Por último, temos o terceiro ponto, ligado à escala e penetração do acesso ao serviço. Como oferecer solução individual a cada consumidor que recorrer ao serviço, quando sequer é possível obter consenso sobre a infinidade de temas tratados? Ainda, como garantir que de fato a plataforma tenha condições de receber e tratar com qualidade e, principalmente, agilidade as demandas dos consumidores, observadas as condições de escala e sustentabilidade da ferramenta?

Pois foi nesse cenário que se iniciava a discussão para construção de uma plataforma de atendimento para resolução de problemas de consumo por meio da internet.

O desafio da criação de valor pelo poder público

A imagem de criação de valor geralmente se associa com processos produtivos que transformam produtos ou serviços em bens que podem ser adquiridos a um dado valor monetário. Entretanto, o valor criado por serviços ou programas públicos consiste justamente em dotá-los de capacidade de responder a problemas reais que afetam a vida dos cidadãos.

A percepção social sobre a maneira como o processo político-administrativo responde às distintas demandas aumenta ou diminui o valor criado. Os aspectos de transparência, igualdade, não discriminação e receptividade são partes integrantes desse valor (Esesp, 2009:22).

Os governos prestam serviços tipicamente não comercializáveis, frequentemente carecem de escala e não estão sujeitos à concorrência do mercado. Aumentar a eficiência no setor público é, portanto, um desafio e pode-se prever que a internet traga grandes benefícios à prestação de serviços públicos. De fato, há muitos exemplos em que a internet aumentou as capacidades do setor público. Ferramentas melhores para comunicar-se com os cidadãos e fornecer informações também permitem maior participação por meio da inclusão em programas governamentais de assistência ou *feedback* a autoridades públicas e seu monitoramento (Grupo Banco Mundial, 2016:17).

Pois bem, no âmbito do grupo de trabalho da plataforma que mais tarde veio a se chamar Consumidor.gov.br, mas que, naquele momento, simplesmente se propunha a discutir o novo sistema de atendimento pelos órgãos de defesa do consumidor,[5] a primeira grande atribuição foi identificar qual seria o perfil do cliente da plataforma.

Estudo das dores dos consumidores

Em 2013, a Secretaria de Reforma do Judiciário do Ministério da Justiça publicou a pesquisa "Diálogos sobre a Justiça – Estudo sobre Resolução Extrajudicial de Conflitos dos Serviços Regulados por Agências Governamentais", elaborada em parceria com o Programa das Nações Unidas para o Desenvolvimento e a Fundação Getulio Vargas do estado do Rio de Janeiro, com a finalidade de possibilitar o aprofundamento do debate em torno do qual se consolida o desenvolvimento de políticas públicas sobre acesso à Justiça.

Na pesquisa quantitativa procurou-se aferir, entre outras coisas, o quanto os consumidores conheciam seus direitos, como procuravam resolver seus eventuais problemas de consumo e o quanto confiavam nas instituições existentes para resolver esses problemas.

Como a pesquisa focava nos serviços regulados nos setores de saúde, telecomunicações e energia elétrica, os consumidores foram instigados a responder a questões sobre eventuais problemas vivenciados especificamente nesses setores nos últimos 12 meses e sobre as formas de resolução por eles adotadas. Questionou-se,

---

[5] Portaria nº 24, de 28 de agosto de 2013, da Secretaria Nacional do Consumidor do Ministério da Justiça. Cria grupo de trabalho com objetivo de assessorar a Senacon nas ações de modernização da plataforma tecnológica do Sindec e nas ações de desenvolvimento do módulo de atendimento eletrônico (Procon Web).

também, a utilização do Judiciário por parte dos consumidores, especialmente se eles já haviam ingressado com algum processo ou ação para reclamar direitos de consumo.

Por fim, a pesquisa apreendeu a percepção e as atitudes dos consumidores com relação aos meios extrajudiciais de resolução de problemas e conflitos: o conhecimento e a utilização das agências reguladoras e do Procon.

De acordo com os resultados apurados na pesquisa, os consumidores que reclamam seus direitos procuram primeiro resolver seus problemas diretamente com as empresas. Não procuram o conflito e não pensam na judicialização como primeira opção. Mas a pesquisa também mostra que nem sempre as empresas resolvem os problemas.

Muitos desistem de reclamar seus direitos. Não acreditam que seus problemas serão resolvidos ou acreditam que não serão resolvidos a tempo. Os consumidores têm, assim, a plena satisfação dos direitos negada por desalento.

O objetivo geral da entrevista foi traçar o perfil do consumidor brasileiro, com base nos seus conhecimentos sobre direitos e sobre instituições de defesa desses direitos, e nos caminhos possíveis de reivindicação e efetivação de direitos.

De modo geral, os consumidores entrevistados afirmaram que reclamam pouco de seus direitos diante de um problema ou insatisfação com um produto ou serviço. Um total de 19% dos entrevistados afirmou nunca reclamar e 34% declararam reclamar apenas algumas vezes. Entre os entrevistados, 34% disseram que sempre reclamam. Observa-se que esse comportamento quase não apresenta variações segundo a escolaridade do entrevistado. Questionados sobre os motivos pelos quais não reclamam, os entrevistados que disseram que nunca reclamam mencionaram, predominantemente, o fato de não compensar ou demorar muito para ter o problema resolvido.

Indagados sobre o local em que reclamariam seus direitos, a maioria dos entrevistados citou em primeiro lugar a própria empresa ou prestador de serviço (63%). O Procon apareceu como o segundo local, porém, mencionado por apenas 15% dos entrevistados.

A pesquisa qualitativa revelou também que os consumidores não consideram que o Judiciário seja o melhor caminho para resolver problemas e conflitos de consumo, no que se refere tanto a produtos quanto a serviços.

Em seguida, caso não consigam obter resultados, os consumidores buscam o Procon. Os participantes, contudo, acreditam que o órgão não resolve tão rapidamente os problemas.

A pesquisa procurou identificar a motivação dos consumidores que procuraram o Judiciário. Como pode ser observado a seguir, aproximadamente a metade dos entrevistados concebeu o Judiciário como único meio que restou para ter o problema resolvido.

O fato é que o evidenciado desinteresse na utilização das estruturas de atendimento do Estado em razão da crença em sua ineficiência foi um fator muito relevante no contexto de discussão do projeto Consumidor.gov.br. Ou seja, não bastava construir uma plataforma resolutiva; ela deveria, ainda, refletir uma nova forma de utilização do serviço diferenciada daquela já prestada tradicionalmente pelos órgãos de defesa do consumidor.[6]

---

[6] Em 27 de agosto de 2013, a Federação Brasileira de Telecomunicações (Febratel) realizou o I Seminário de Fiscalizações, Infrações e Sanções em Telecomunicações. Na ocasião, a representante do governo informou sobre a existência de um projeto que evoluiu para o desenvolvimento de uma plataforma que, de fato, modifica a maneira como os atores interagem por meio dela. Disponível em: <https://youtu.be/3FcwkYd-TfE>. Acesso em: jul. 2021.

A inovação no modelo de funcionamento do Consumidor.gov.br

Os indicadores do serviço, bem como o espaço que a plataforma tomou no contexto das políticas públicas, sobretudo por contribuir para a melhoria do ambiente de confiança entre consumidores e empresas participantes, não deixam dúvida sobre o sucesso do projeto.

Esse êxito guarda relação direta com o modelo de funcionamento do serviço, que possibilitou a interlocução direta para solução dos conflitos, entre consumidores e empresas participantes, em uma plataforma tecnológica e níveis inéditos de transparência se compararmos aos modelos clássicos de serviços púbicos prestados na internet.

Em síntese, o funcionamento da plataforma se dá da seguinte forma. O consumidor registra sua reclamação no site e, a partir de então, inicia-se a contagem do prazo de 10 dias para manifestação da empresa. Durante esse prazo, a empresa tem a oportunidade de interagir com o consumidor antes da postagem de sua resposta final.

Após a manifestação da empresa, é garantida ao consumidor a chance de comentar a resposta recebida, classificar a demanda como "resolvida" ou "não resolvida" e ainda indicar o grau de satisfação com o atendimento prestado pela empresa.

Os dados das reclamações alimentam uma base de dados pública com informações sobre os fornecedores que obtiveram os melhores índices de resolução e satisfação no tratamento das reclamações, sobre aqueles que responderam às demandas nos menores prazos, entre outras informações.

O desempenho das empresas participantes pode ser monitorado a partir da funcionalidade "indicadores", que disponibiliza índices a respeito da quantidade de reclamações finalizadas por empresa, percentual de resolução, satisfação do consumidor com o atendimento dado e prazo médio de resposta.

A grande inovação percebida no serviço oferecido pelo Consumidor.gov.br foi propor a ausência de intermediação na tratativa de atendimento entre consumidores e empresas para resolução dos conflitos submetidos à plataforma, o que se deu em reconhecimento da incapacidade do Estado de absorver não só as demandas que já chegam atualmente, como também as reprimidas que já se sabia existirem.

Então, neste cenário, para garantir que essa interação fosse ao final bem-sucedida, foi desenhada uma estratégia baseada em três pilares fundamentais: transparência, controle social e competitividade.

O pano de fundo da composição dessa estratégia também passa pelo fato de que o valor de mercado de uma empresa com boa reputação é 5,5% maior do que o de uma empresa com menos prestígio,[7] e nessa linha cada dia mais as companhias investem em publicidade e nem sempre na mesma proporção que destinam esforços na melhoria de seus canais de atendimento ao cliente.

Tal conclusão fez entender que colocar consumidores e fornecedores em um mesmo ambiente para dialogar sobre reclamações não solucionadas pelas mesmas empresas, porém em seus próprios canais, poderia dar certo desde que o desempenho destas últimas pudesse ser acompanhado de forma transparente por todos, demais consumidores, concorrentes, Estado e quem mais se interessasse pela informação.

---

[7] Fonte: *Exame.com*, segundo uma análise de 348 companhias brasileiras realizada pelo pesquisador Luciano Rossoni, fundador do Instituto Brasileiro de Estudos e Pesquisas Sociais (Ibepes), do Rio de Janeiro.

A transparência, nesse caso, seria fundamental para incentivar as empresas a resolver cada dia mais e melhor as demandas que recebessem, e assim obtivessem meios de capturar ganhos de imagem, posicionando-se no mercado como uma empresa disposta a dialogar com seus consumidores para superação de problemas.

Para os consumidores, as informações produzidas na plataforma poderiam servir de referencial para futuras escolhas. Em um mercado no qual a competitividade é cada dia mais pautada em preço, a possibilidade de solucionar de forma mais simples um eventual problema futuro pode ser o fator determinante para que o consumidor opte por um fornecedor em vez de outro. E nesse sentido, o primeiro grande indicador divulgado pelo Consumidor.gov.br é: "Quem participa?".[8]

A confiabilidade nos indicadores da plataforma se baseia no fato de que, no final das contas, quem diz se a reclamação foi resolvida ou não é o próprio consumidor, sem qualquer tipo de moderação de conteúdo ou análise meritória pela Senacon ou qualquer outro órgão. Esse aspecto, ressalte-se, reforçou a necessidade de que as empresas fossem especialmente habilidosas na comunicação, elevando a análise dos casos para muito além da lógica "procedente/não procedente".

Destaca-se aqui que a "sentença" do consumidor no final do tratamento das demandas inverte a lógica de como os atendimentos são realizados pelas empresas (especialmente aquelas que ofertam produtos e serviços e, por vezes, estão entre as maiores litigantes do país), resultando em um almejado processo de empoderamento do cidadão.

---

[8] A participação de uma empresa na plataforma é voluntária. A lista completa de empresas participantes pode ser acessada em: <www.consumidor.gov.br/pages/principal/empresas-participantes>. Acesso em: maio 2021.

Por fim, os órgãos de Estado, menos pressionados em seus canais de atendimento, passariam a dispor não só de mais recursos desonerados por essa transferência, como de outro absolutamente estratégico: informação íntegra, disponível e em tempo real.

Nessa linha, por exemplo, a Agência Nacional de Aviação Civil (Anac) e a Senacon assinaram, em 2013, termo de cooperação voltado para o monitoramento, em âmbito coletivo, dos dados das reclamações formuladas pelos passageiros contra as empresas aéreas no Consumidor.gov.br. Com essa assinatura, a agência igualmente busca sustentabilidade no exercício de suas atribuições, diminuindo os esforços direcionados para a tratativa de demandas individuais e focando no monitoramento coletivo do mercado de modo a tentar assegurar que sua atuação atinja um número ainda maior de consumidores dos serviços de transporte aéreo.

Consumidor, Estado e mercado, portanto, compõem uma triangulação que possui legítimos interesses na manutenção da plataforma, sendo esse um grande diferencial em relação às demais formas de intervenção e atuação do poder público.

Resultados do Consumidor.gov.br

A plataforma hoje conta com a participação de 1.126 empresas e cerca de 3,2 milhões de consumidores cadastrados, que já registraram 4,6 milhões de reclamações, apresentando índice médio de solução de 80%.[9]

---

[9] Dados atualizados em 14 de outubro de 2021. Disponíveis em: <www.consumidor.gov.br/pages/indicador/infografico/abrir>.

Uma pesquisa realizada pela Senacon, entre os dias 5 e 20 de janeiro de 2016, sobre a utilização do Consumidor.gov.br mostrou que, apesar de 75,6% dos entrevistados terem respondido que o problema por eles reclamado foi resolvido, 93,3% responderam que recomendariam a plataforma. Além disso, 97% dos consumidores entrevistados consideraram úteis as informações fornecidas pela plataforma para comparar empresas e tomar decisões relacionadas à aquisição de produtos e serviços.

Entre as empresas integrantes da plataforma, estão aquelas pertencentes aos segmentos com maior volume de reclamações junto aos órgãos de defesa do consumidor, tais como telecomunicações, financeiro, produtos, planos de saúde, transporte aéreo, entre outros.

Em 13 de julho de 2016, o site Techtudo,[10] página dedicada à produção de conteúdo sobre tecnologia pertencente ao portal Globo.com, realizou uma avaliação do aplicativo do Consumidor.gov.br para plataformas móveis, disponível para os sistemas operacionais Android e IOS. A avaliação atribuiu notas de 0 a 10 para itens como interface, usabilidade, desempenho e funcionalidades, tendo a plataforma alcançado a nota 9,8.

Segundo a publicação, o ponto forte do aplicativo está na possibilidade de o consumidor acessar as avaliações de outros usuários, pois, considerando tratar-se de um serviço ao consumidor, nada mais justo, nas palavras do avaliador, do que inserir uma função para que todos os usuários possam contar como foram tratados por determinada empresa ao cadastrar uma reclamação. Além disso, os consumidores poderiam conferir como uma empresa costuma tratar seus clientes e analisar outras

---

[10] Disponível em: <www.techtudo.com.br/tudo-sobre/consumidorgovbr.html>. Acesso em: 20 out. 2015.

questões, como o tempo de resposta após a reclamação e se o problema dos outros consumidores foi resolvido.

A rapidez para obtenção de uma solução do problema relatado se apresenta como um relevante fator de satisfação dos consumidores, mesmo em situações em que, no relato inicial, o cliente demonstrava grande frustração com o atendimento recebido da empresa inicialmente.

A percepção de valor pelo consumidor também pode ser mensurada por *feedbacks* apresentados em outros espaços na internet, a exemplo dos fóruns em que os usuários se reúnem para tratar de um tema específico. É comum que nesses ambientes sejam trocadas experiências sobre como resolver problemas relacionados aos produtos e serviços objetos da discussão.

Tendo em vista a quantidade de empresas participantes, os índices de solução e a facilidade no acesso, por parte do Tribunal de Justiça do Rio Grande do Sul, por meio da Comissão de Inovação (Inovajus-RS), foi realizada parceria entre o tribunal e a Senacon, com o objetivo de promover ações conjuntas para o incentivo e aperfeiçoamento de métodos autocompositivos de solução de conflitos de consumo por meio do uso da plataforma Consumidor.gov.br.

No âmbito dessa iniciativa foi lançado o projeto Solução Direta Consumidor,[11] que consiste na exibição, na página do Tribunal de Justiça do Rio Grande do Sul, de link que leva o consumidor ao site Consumidor.gov.br, onde ele pode fazer sua reclamação de forma direta e focada em uma solução rápida e sem qualquer custo.

Para o tribunal, a grande utilidade do canal estaria em possibilitar que o cidadão resolvesse rapidamente seu problema e,

---

[11] Disponível em: <www.tjrs.jus.br/site/processos/conciliacao/consumidor.html>. Acesso em: jun. 2021.

em caso de insucesso na composição, permitir que o histórico da tentativa de solução seja útil na hipótese do ajuizamento de uma demanda judicial, como indicativo da pretensão resistida por parte do fornecedor. A mesma parceria já foi replicada em outros Tribunais de Justiça.[12]

Essa aproximação com o Poder Judiciário fortalece o reconhecimento do Consumidor.gov.br como um serviço eficiente para solucionar conflitos de consumo, obtendo, entre outros efeitos, a prevenção da judicialização, algo inquestionavelmente oportuno quando parte expressiva das ações recebidas pelo Poder Judiciário corresponde a ações de consumo.

Como desdobramento dessa política, foi aprovado o Enunciado nº 50 durante a "I Jornada Prevenção e Solução Extrajudicial de Litígios",[13] promovida pelo Centro de Estudos Judiciários (CEJ) do Conselho da Justiça Federal (CJF), realizada durante os dias 22 e 23 de agosto, em Brasília.

Dispõe o mencionado enunciado:

> O Poder Público, os fornecedores e a sociedade deverão estimular a utilização de mecanismos como a plataforma Consumidor.gov.br, política pública criada pela Secretaria Nacional do Consumidor – Senacon e pelos Procons, com vistas a possibilitar o acesso, bem como a solução dos conflitos de consumo de forma extrajudicial, de maneira rápida e eficiente [CEJ, 2016:8].

---

[12] A mesma parceria já foi replicada em outros Tribunais de Justiça: São Paulo, Rio de Janeiro, Rio Grande do Norte, Distrito Federal e Territórios, Bahia, Paraná, Rondônia e Alagoas (Senacon, 2016:24).

[13] Os enunciados têm como objetivo orientar a adoção de políticas públicas e práticas do setor privado para a prevenção e solução extrajudicial de litígios. Podem também ser utilizados para fins doutrinários de caráter técnico-jurídico.

Conclusão

Os índices médios de solução, satisfação, resposta e tempo de resposta já apresentados, bem como a captura dos *feedbacks* dos usuários da plataforma em diferentes locais da internet evidenciam o sucesso da dinâmica inaugurada pelo Consumidor.gov.br, que, por sua vez, rompe com a ideia inicial do projeto, qual seria, levar o atendimento do Procon tal como hoje é realizado para a internet, com seu modelo clássico de intermediação um a um do conflito entre consumidor e fornecedor.

O modelo de funcionamento do serviço resulta no empoderamento do consumidor, visto que, no Consumidor.gov.br, seu relato se une a tantos outros e é apresentado de forma transparente, impondo às empresas reclamadas naturalmente um esforço não só para solucionar a questão, mas para tentar salvar a avaliação final (classificação se a reclamação foi resolvida ou não revolvida), numa clara evidência de que os incentivos à competitividade a partir da preocupação com a imagem da empresa foram bem-sucedidos.

Considerando que a adesão ao Consumidor.gov.br é voluntária e que na plataforma é possível reclamar da maior parte das grandes empresas de setores mais reclamados nos Procons e junto ao Poder Judiciário, tais como telecomunicações, bancos, aviação, varejo, e-commerce, produtos eletrônicos e eletrodomésticos, é possível inferir que os esforços dedicados para que o primeiro indicador de valor fosse o "Quem Participa?" também funcionaram.

Uma pesquisa realizada pela Senacon[14] permitiu compreender de forma ainda mais qualificada a experiência do consumidor

---

[14] Fonte: Balanço Social Projeto 914BRZ5005 – Desenvolvimento de Mecanismos de Gestão da Informação e do Conhecimento para as Políticas de Defesa do Consumidor (Senacon, 2016).

na plataforma, que, de modo geral, pode ser considerada positiva, já que 93,3% dos entrevistados informaram recomendar o serviço. Contudo, esses mesmos entrevistados avaliaram a divulgação da plataforma, em 67,3% dos casos, de média a péssima.

Nessa pesquisa, 45% dos entrevistados teceram algum tipo de elogio à plataforma e 18% fizeram críticas. Das críticas, 55,5% versavam sobre a necessidade de maior divulgação do serviço e 19,7% sobre a adesão de empresas, reforçando assim que a maior divulgação da plataforma é um ponto relevante para os consumidores.

Considerando as informações apresentadas na pesquisa da Secretaria da Reforma do Judiciário, os fundamentos da plataforma Consumidor.gov.br e, principalmente, os resultados obtidos até agora, poderíamos inferir que a preocupação do consumidor com a ampliação da divulgação iria além daquela com os demais consumidores que ainda não tiveram a chance de conhecer o serviço (o que pode ocorrer também).

Dessa forma, parece estar claro para o usuário que, quanto maior a audiência da plataforma, maior o nível de vigilância sobre a participação das empresas, o que, por sua vez, contribui para o empoderamento de cada voz individual que apresenta um novo problema de consumo. Além disso, quanto mais conhecida a plataforma, maiores seriam as chances de novas empresas se interessarem em participar, ampliando assim o caráter utilitário do serviço.

Ante ao exposto, conclui-se que o Consumidor.gov.br vem logrando êxito no alcance dos objetivos previstos no art. 2º do Decreto nº 8.753 de 19 de novembro de 2015:

> I - ampliar o atendimento ao consumidor;
> II - prevenir condutas que violem os direitos do consumidor;

III - promover a transparência nas relações de consumo;
IV - contribuir na elaboração e implementação de políticas públicas de defesa do consumidor;
V - estimular a harmonização das relações entre consumidores e fornecedores;
VI - incentivar a competitividade por meio da melhoria da qualidade do atendimento ao consumidor.

Não restam dúvidas de que o fator preponderante para esse sucesso foi a discussão refletida sobre o modelo de negócio da plataforma, baseado no enfrentamento das dores do cidadão--consumidor, e que pressupôs o engajamento de todas as partes envolvidas: fosse o Estado como executor da política e mantenedor da plataforma, fossem as empresas participantes então responsáveis pelos atendimentos, ou ainda a sociedade, representada pelos consumidores que reclamam, mas também monitoram os indicadores de performance do serviço e das empresas.

A dinâmica resultante da atuação desses três agentes é o encaixe que permite que todos os dias milhares de problemas de consumidores sejam recebidos, analisados e resolvidos, sem a necessidade da intervenção, assegurando assim a sustentabilidade e a efetividade do modelo.

Referências

BENJAMIN, A. H. V.; MARQUES, C. L.; BESSA, L. R. *Manual de direito do consumidor*. 2. ed. São Paulo: Revista dos Tribunais, 2009.

BRASIL. Lei nº 8.078, de 11 de setembro de 1990. Dispõe sobre a proteção do consumidor e dá outras providências. *Diário*

Oficial [da] República Federativa do Brasil, Casa Civil, Brasília, DF, 12 set. 1990.

_____. Decreto nº 7.963, de 15 de março de 2013. Institui o Plano Nacional de Consumo e Cidadania e cria a Câmara Nacional das Relações de Consumo. *Diário Oficial [da] República Federativa do Brasil*, Casa Civil, Brasília, DF, 15 mar. 2013.

_____. Decreto nº 8.573, de 19 de novembro de 2015. Dispõe sobre o Consumidor.gov.br, sistema alternativo de solução de conflitos de consumo, e dá outras providências. *Diário Oficial [da] República Federativa do Brasil*, Secretaria-Geral, Brasília, DF, 20 nov. 2015.

CEJ (Centro de Estudos Judiciários do Conselho da Justiça Federal). *Enunciados aprovados na "I Jornada Prevenção e Solução Extrajudicial de Litígios"* – 22-23 ago. 2016. Brasília: CEJ, 2016.

CONSUMIDOR.GOV.BR. *Balanço consolidado*: transparência, empoderamento e competitividade. Brasília: Senacon, 2017.

ENAP (Escola Nacional da Administração Pública). *Consumidor.gov.br*. Brasília: Enap, 2016. Disponível em: <repositorio.enap.gov.br/handle/1/2723>. Acesso em: 15 nov. 2017.

ENDC (Escola Nacional de Direito do Consumidor). *Manual de direito do consumidor*. 4. ed. Brasília: Secretaria Nacional do Consumidor do Ministério da Justiça, 2014.

ESESP (Escola do Serviço Público do Espírito Santo). *De burocratas a gerentes?* As ciências da gestão aplicadas na administração do Estado. Vitória: Esesp, 2009.

GRUPO BANCO MUNDIAL. *Relatório sobre o desenvolvimento mundial de 2016*: dividendos digitais – visão geral. Washington, DC: Banco Mundial, 2016.

INSTITUTO INNOVARE. *Prêmio Innovare, ed. XXII-2015*: prática Consumidor.gov.br. 2015. Disponível em: <www.premioinnovare.com.br/praticas/l/consumidorgovbr-20150331145629717477>. Acesso em: 15 nov. 2015.

INTERNATIONAL BANK FOR RECONSTRUCTION AND DEVELOPMENT (THE WORLD BANK). 2016.

OSTERWALDER, A.; PIGNEUR, Y. *Business model generation*: inovação em modelos de negócios. Trad. Raphael Bonelli. Rio de Janeiro: Alta Books, 2011.

_____ et al. *Value proposition design*: como construir propostas de valor inovadoras. Barueri: HSM, 2014.

SENACON (Secretaria Nacional do Consumidor). *Portaria nº 24, de agosto de 2013*. Cria Grupo de Trabalho com objetivo de assessorar à Senacon nas ações voltadas à modernização da plataforma tecnológica do Sindec e do desenvolvimento do módulo eletrônico Procon Web. Brasília: Senacon, 2013.

_____. *Desenvolvimento de mecanismos de gestão da informação e do conhecimento para as políticas de defesa do consumidor*: balanço social. Brasília: Senacon, 2016.

_____. *Boletim Sindec – 2016*. Brasília: Senacon, 2017. Disponível em: <www.justica.gov.br/noticias/mais-de-2-7-milhoes--de-consumidores-registraram-reclamacoes-em-2016/boletim--sindec-2016.pdf>. Acesso em: 15 nov. 2017.

SOUSA, J. P. A. de. *Defesa do consumidor e políticas públicas*: um estudo sobre o Consumidor.gov.br. Monografia (graduação em gestão de políticas públicas) – UnB, 2014.

SRJ (Secretaria de Reforma do Judiciário do Ministério da Justiça). *Diálogos sobre Justiça*: estudo sobre resolução extrajudicial dos serviços regulados por agências governamentais. Brasília: SRJ, 2013.

UM ALIADO a mais na transparência? *Revista Cliente S.A.*, 2014. Disponível em: <www.clientesa.com.br/especial/55216/um--aliado-a-mais-na-transparencia/comentar.aspx>. Acesso em: 15 nov. 2017.

Mapeamento da plataforma Consumidor.gov.br

Luciano Timm
Isabela Maiolino

Dados entidade/empresa

1. **Nome da entidade/empresa/estrutura**: Consumidor.gov.br, gerido pela Secretaria Nacional do Consumidor (Senacon).
2. **Endereço**: *****
3. **Website**: <consumidor.gov.br>.
4. **Tempo de atividade da entidade/empresa**: a plataforma foi criada em 2014 pela Secretaria Nacional do Consumidor.
5. **Nome do(a) entrevistado(a)**: Isabela Maiolino e Luciano Timm.
6. **Função/cargo do(a) entrevistado(a)**: chefe de gabinete da Secretaria Nacional do Consumidor e ex-secretário nacional do consumidor, respectivamente.
7. **Período na função**: abril/2019 a novembro/2020 e janeiro/2019 a julho/2020, respectivamente.
8. **Data da entrevista**: 15/11/2020.

Mecanismo – ODR

9. **Qual(is) método(s) adequado(s) de solução de conflitos previsto(s)?**

    O Consumidor.gov.br consiste em uma autocomposição entre consumidores e fornecedores, sem interferência do poder público, para resolução de conflitos consumeristas.

10. **Houve a combinação de atuação humana e tecnológica? Ou o sistema é totalmente automatizado? Poderia fazer uma breve descrição?**

    O funcionamento do sistema é automatizado, mas depende da atuação humana dos fornecedores e consumidores. Há combinação de atuação humana e tecnológica.

11. **Qual era/é o fluxo para a resolução de conflitos (fluxograma)?**

    De acordo com o site do Consumidor.gov.br, o fluxo funciona da seguinte forma: "Primeiro, o consumidor deve verificar se a empresa contra a qual quer reclamar está cadastrada no sistema. O consumidor registra sua reclamação no site e, a partir daí, inicia-se a contagem do prazo para manifestação da empresa. Durante esse prazo, a empresa tem a oportunidade de interagir com o consumidor antes da postagem de sua resposta final. Após a manifestação da empresa, é garantida ao consumidor a chance de comentar a resposta recebida, classificar a demanda como *resolvida* ou *não resolvida*, e ainda indicar seu nível de satisfação com o atendimento recebido". Disponível em: <www.consumidor.gov.br/pages/conteudo/publico/1>. Se a empresa não estiver cadastrada, é possível sugerir sua participação por meio de link disponível no site do Consumidor.gov.br, a depender, também, da adesão voluntária da empresa.

12. **Houve interação com os outros órgãos, como o Judiciário, agências reguladoras e Procons?**

    Sim. Os Procons, bem como defensorias públicas, atuam em conjunto com a Secretaria Nacional do Consumidor (Senacon) na gestão operacional da plataforma. As reclamações são acompanhadas de forma coletiva a fim de aprimorar as políticas públicas de defesa do Consumidor.gov.br. A Senacon também possui inúmeros termos de cooperação técnica com órgãos públicos, incluindo agências reguladoras, para ampliar o uso do Consumidor.gov.br. Em 2019, a Senacon firmou convênio com o Conselho Nacional de Justiça para integração da plataforma ao processo judicial eletrônico (PJe), a fim de permitir que as partes que ingressam com ações no Poder Judiciário tenham a opção de utilizar a plataforma antes de dar prosseguimento ao processo. Referência: Acordo de Cooperação Técnica nº 016/2019. Acordo de cooperação técnica entre o Conselho Nacional de Justiça para incremento de métodos autocompositivos, mediante plataformas online, para solução de controvérsias consumeristas. Cabe mencionar que há interação (API) disponível com sistemas de atendimento dos fornecedores.

13. **Há integração com outra(s) plataforma(s)? Como isso funciona?**
    A plataforma hoje funciona integrada com o PJe, mas ambas funcionam de forma autônoma. Além disso, o Decreto nº 10.197 de 2020 estabeleceu o Consumidor.gov.br como plataforma oficial da administração pública federal para autocomposição nas controvérsias em relações de consumo.

14. **Foram previstas ferramentas de acessibilidade digital na plataforma? Para atender quais necessidades (p. ex. visuais, auditivas, outras)?**
    A plataforma possui uma aba referente à acessibilidade, onde informa que o portal segue as diretrizes do modelo de acessibilidade em governo eletrônico, conforme as normas do governo federal e do Decreto nº 5.296/2004.

15. **Foi elaborado um guia do usuário para acesso à plataforma?**
    Sim. Há um tutorial de 26 de abril de 2016 no canal do YouTube do Ministério da Justiça e Segurança Pública, que pode ser acessado por meio do link <www.youtube.com/watch?v=2DTUi9U_DiE>. Além

disso, há uma apresentação "Guia usuário — Consumidor", de 25 de outubro de 2017, que detalha os procedimentos de uso da plataforma.

Descritivo

16. Quais eram os objetivos da construção da ODR?

De acordo com o art. 1º do Decreto nº 8.573, de 19 de novembro de 2015, a finalidade da plataforma Consumidor.gov.br é estimular a autocomposição entre consumidores e fornecedores para solução de demandas de consumo. O art. 2º do mesmo normativo elenca também os seguintes objetivos: ampliar o atendimento ao consumidor, prevenir condutas que violem os direitos do consumidor, promover a transparência nas relações de consumo, contribuir na elaboração e implementação de políticas públicas de defesa do consumidor, estimular a harmonização das relações entre consumidores e fornecedores e incentivar a competitividade por meio da melhoria da qualidade do atendimento ao consumidor.

17. Quais foram os critérios para eleger os conflitos que seriam tratados via ODR (territorial, nível de complexidade, vínculo das partes, natureza do direito)?

O Consumidor.gov.br atende a conflitos entre consumidores e fornecedores para resolução de conflitos de consumo, sem intervenção do poder público nas demandas. Não há limitação quanto ao nível de complexidade da demanda ou em relação ao local onde a demanda surgiu.

18. A ODR foi pensada para um período determinado ou é uma política da empresa?

O Consumidor.gov.br foi criado para ser um serviço gratuito provido pelo Estado, sendo hoje um dos projetos estratégicos e uma política pública do Ministério da Justiça e Segurança Pública.

19. **Como foi viabilizada financeiramente a operacionalização da ODR?**

    A plataforma foi criada primeiramente sem repasse de recursos por meio de uma parceria da Senacon, Banco do Brasil e Secretaria Nacional de Segurança Pública, em 2013. Posteriormente, o aporte financeiro foi feito com recursos advindos da celebração de um termo de ajustamento de conduta entre o Ministério da Justiça e Segurança Pública e a empresa Crefisa S.A., celebrado no âmbito do Processo Administrativo nº 08000.028826/2013-78, no qual a empresa foi multada pelo Departamento de Proteção e Defesa do Consumidor em R$ 8.202.966,35. Além de ressarcir os consumidores em razão de cobrança de tarifa de confecção de cadastro, a empresa destinou R$ 7,5 milhões ao projeto de evolução da plataforma Consumidor. gov.br. Hoje, a plataforma tem dotação orçamentária do Ministério da Justiça e Segurança Pública.

20. **Para qual perfil de partes o sistema foi projetado?**

    O Consumidor.gov.br foi projetado para atender a todos os consumidores brasileiros.

21. **Quais eram os atores, além das partes, que compunham o sistema?**

    As únicas partes que atuam ativamente na resolução da disputa no âmbito da plataforma são o consumidor e a empresa demandada. A Senacon não intervém na disputa, mas não há impedimento de atuação de advogados como representantes dos consumidores, desde que o consumidor tenha ciência.

22. **Qual a natureza da decisão (vinculante ou não vinculante)?**

    A decisão do Consumidor.gov.br é não vinculante e a situação pode, inclusive, ser novamente tratada no Poder Judiciário.

23. **Poderia descrever um caso real para fins ilustrativos (com a anonimização dos dados das partes, se preciso)?**

    De acordo com a aba "Conheça o Consumidor.gov.br", os casos concretos podem ser acessados por meio da aba "Relato do consumidor". Ao ser direcionado para o link, é possível ler o conteúdo das reclamações, respostas das empresas e comentário final dos consumidores, sendo inclusive possível realizar pesquisas por: palavras-chave, segmento de mercado, fornecedor, dados geográficos, área, assunto, problema, período, classificação (*resolvida/não resolvida/não avaliada*) e/ou nota de satisfação, entre outros filtros. Disponível em: <www.consumidor.gov.br/pages/conteudo/publico/1>.

Resultados

24. **Qual é o número de casos processados desde a criação da ODR?**
O total de casos é 3.342.710 até outubro de 2020.
25. **Qual a média de novos casos por ano?**
O número de casos por ano é:

Reclamações do Consumidor.gov.br por ano

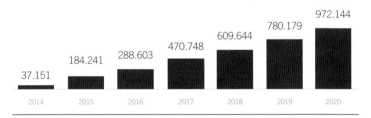

Fonte: Consumidor.gov.br (até outubro de 2020).

26. **Qual o percentual de acordos?**
O percentual disponível é o de resolubilidade, que hoje é de 78%.
27. **Quais foram os índices de satisfação do usuário com a plataforma?**
O percentual disponível é o de resolubilidade, que hoje é de 78%.
28. **Os usuários costumam retornar à plataforma para solucionar outros casos?**
A plataforma não dispõe de dados sobre a recorrência dos consumidores.

29. **Há usuários permanentes?**
O Consumidor.gov.br exige apenas um único cadastro inicial para realização das reclamações; então há, sim, usuários permanentes.
30. **O que a ODR representou/representa em termos de otimização da gestão empresarial?**
A plataforma evita que milhares de conflitos consumeristas cheguem ao Poder Judiciário todos os anos. Tendo em vista o custo que um processo judicial pode ter para uma empresa, pode-se dizer que a plataforma também acarreta na redução de custos e em otimização da gestão empresarial dos fornecedores.
31. **Qual o perfil de parte que mais acessou o sistema?**
De acordo com o boletim do Consumidor.gov.br de 2019, 57,8% dos usuários são do gênero masculino e 42,2% são do gênero feminino. A maior parte dos usuários tem entre 31 e 40 anos de idade (33%) e entre 21 e 30 anos (28,6%), seguidos das pessoas entre 41 e 50 anos (16,2%), 51 e 60 anos (10,2%) e 61 e 70 anos (6,8%). Por sua vez, a menor parcela dos usuários tem até 20 anos (2,1%) ou mais de 70 anos (3,1%). Fonte: Boletim Consumidor.gov.br 2019.
32. **Quais as medidas de transparência adotadas?**
A transparência é um dos princípios do Consumidor.gov.br. Os indicadores da plataforma são públicos, tanto os gerais, por empresa, os relatos dos consumidores (sem a identificação do autor da reclamação) e a publicação de boletins e balanços anuais sobre a plataforma.
33. **Foram necessários ajustes ao longo da resolução de conflitos? Em caso positivo, de que ordem foram essas adequações (administrativa, método escolhido ou procedimental, entre outros)?**
A plataforma segue, até o momento, com a sua proposta original de autocomposição entre consumidores e fornecedores para litígios de consumo, com o mesmo procedimento.

34. Foram realizadas adaptações em razão da LGPD?

Até o momento não foram feitas adaptações em razão da LGPD, mas a plataforma foi concebida dentro dos princípios de proteção de dados.

O processo de recuperação judicial na sistemática autocompositiva do CPC/2015: o caso da Oi

César Cury

Introdução

O Tribunal de Justiça do Estado do Rio de Janeiro recebeu, em 2016, o pedido de recuperação judicial do Grupo Oi S/A,[1] uma das maiores companhias de telecomunicações do país.

As dimensões especiais do caso, reveladas pelo volume de recursos e pelo número de credores envolvidos, deixaram claro tratar-se do maior processo judicial dessa natureza no país e no mundo.

Desde o início, as dificuldades para uma tramitação regular que observasse a conformidade constitucional do devido processo ficaram evidentes, principalmente pelos limites próprios da legislação recuperacional, pela arquitetura do procedimento especial e pela estrutura da burocracia judiciária, aspectos rea-

---

[1] A recuperação judicial envolve as empresas Oi S.A., Telemar Norte Leste S.A., Oi Móvel S.A., Copart 4 Participações S.A., Copart 5 Participações S.A., Portugal Telecom International Finance B.V. e Oi Brasil Holdings Coöperatief U.A.

firmados pela cultura jurídica predominante de inflexibilidade formal do processo no cumprimento das etapas judiciais.

Contudo, as dimensões da empresa, sua representatividade na economia e os impactos que o seu decesso poderiam causar no mercado e na sociedade superaram as resistências judiciais e teórico-doutrinárias e se constituíram na determinação para a busca de maior agilidade e efetividade dos atos processuais e consequente solução do litígio, o que de fato pode ser alcançado a partir de medidas de adaptação e de gestão procedural--jurisdicional e de cooperação judicial que procuraram atender, ao mesmo tempo, a um modelo contemporâneo de processo garantista e efetivo e de eficiência na burocracia judiciária.

O presente capítulo retrata, de modo resumido, a concepção de um sistema de solução especificamente desenhado para o referido caso, com a adaptação do procedimento mediante a introdução de uma etapa inicial de autocomposição e a instituição de uma infraestrutura de solução inspirada nas *claims resolution facilities* do direito norte-americano, o que exigiu o emprego de subsídios interdisciplinares das áreas de planejamento e gestão, negociação, desenho de sistemas organizacionais e tecnologia da informação a partir da identificação dos institutos jurídico--processuais aplicáveis.

Na medida em que nenhuma atuação no campo jurídico está desprovida de um suporte teórico e mesmo filosófico, ainda que seja expresso ou disso nem sempre se tenha consciência, na presente exposição se faz referência aos pressupostos teóricos que orientaram os trabalhos desde uma perspectiva garantística de processo (direito constitucional ao devido processo) que assegurasse, pela relação intersubjetiva dos sujeitos, a constituição democrática do procedimento e a efetiva participação dos interessados em favor da melhor solução possível e em prazo adequado.

Os dados utilizados nesta exposição são todos públicos e foram coletados nos órgãos do Tribunal de Justiça do Rio de Janeiro e no próprio processo judicial, nas empresas participantes e respectivos representantes e nos periódicos especializados que acompanharam o desenvolvimento do projeto e a tramitação do caso.

O início

Em 20 de junho de 2016, o Grupo Oi apresentou em juízo pedido de recuperação judicial[2] com base na Lei de Recuperação Judicial e Falências (Lei nº 11.101/2005). O processo foi distribuído à 7ª Vara da capital, Rio de Janeiro, especializada na área empresarial.

Segundo dados divulgados na época,[3] a dívida bruta da companhia era superior a R$ 74 bilhões,[4] tendo sido compreendidos pelo processo R$ 65,4 bilhões, dos quais aproximadamente R$ 50,6 bilhões eram de origem financeira, R$ 10,6 bilhões devidos à agência reguladora (Anatel) e R$ 1,65 bilhão a trabalhadores e fornecedores de serviços.

De acordo com fontes oficiais,[5] no primeiro trimestre daquele ano o prejuízo líquido da empresa alcançou R$ 1,64 bilhão, enquanto outros passivos somavam aproximadamente R$ 2,55 bilhões. Em 2016, o Grupo Oi ocupava posição de relevância

---

[2] Processo nº 0203711-65.2016.8.19.0001.
[3] Disponível em: <https://politica.estadao.com.br/blogs/fausto-macedo/a-recuperacao-judicial-da-oi-e-sua-influencia-nos-proximos-processos> Acesso em: 12 jan. 2019.
[4] Disponível em: <www.valor.com.br/brasil/5173088/oi-um-caso-exemplar>. Acesso em: 12 jan. 2019.
[5] Processo nº 0203711-65.2016.8.19.0001.

no mercado doméstico de telecomunicações, figurando entre as principais concessionárias de telefonia do país.[6]

Embora informações que circulavam entre especialistas do setor identificassem problemas na saúde financeira da *holding*, a ameaça de suspensão das atividades da maior operadora de telefonia do país surpreendeu seus mais de 70 milhões de consumidores em todo o Brasil, e providências extremas, como a intervenção[7] pela agência reguladora, chegaram a ser cogitadas.[8]

A quebra de uma companhia com tais dimensões não é tema que permaneça adstrito a seus controladores e clientes. Ao contrário, a divulgação do pedido de recuperação causou forte impacto em seus fornecedores e parceiros, colaboradores internos e terceirizados, nos governos federal, estaduais e de outros países,[9] nas agências de regulação, *bondholders* nacionais e internacionais,[10] investidores, bancos e, principalmente, entre seus credores.[11]

Desde o anúncio das dificuldades da empresa e da necessidade de reestruturação econômico-financeira até os primeiros passos do processo de recuperação, os números oscilaram de 50 mil a 92 mil credores, entre pessoas físicas e jurídicas, conforme

---

[6] Disponível em: <www.teleco.com.br/mshare.asp>. Acesso em: 12 abr. 2019.
[7] Disponível em: <https://itforum365.com.br/idec-defende-intervencao-da--anatel-no-caso-oi/> Acesso em: 12 jan. 2019.
[8] Disponível em: <www1.folha.uol.com.br/mercado/2017/10/1930406--anatel-ameaca-intervencao-na-oi-caso-presidente-da-tele-seja-destituido.shtml>. Acesso em: 12 jan. 2019.
[9] Disponível em: <https://g1.globo.com/economia/noticia/estados-unidos--aprovam-plano-de-recuperacao-judicial-da-oi.ghtml>. Acesso em: 14 fev. 2019.
[10] Disponível em: <www.oi.com.br/ri/conteudo_pt.asp?idioma=0&tipo=43089&conta=28&id=251676>. Acesso em: 14 fev. 2019.
[11] Disponível em: <https://exame.abril.com.br/negocios/reuniao-de-credores--da-oi-na-holanda-aprova-plano-de-recuperacao-judicial/>. Acesso em: 14 fev. 2019.

divulgado na oportunidade pela imprensa especializada e posteriormente confirmado pelo administrador judicial.[12]

A apresentação do caso Oi à Justiça

Mesmo com essas dimensões excepcionais, surpreende ter sido o caso apresentado em juízo como qualquer outro de idêntica natureza.

A despeito de instruída com quase 400 mil peças, a petição inicial, distribuída em 20 de junho de 2016, foi admitida por decisão proferida em apenas nove dias.

A partir de então, no entanto, os problemas de processamento começaram a surgir.

A principal dificuldade

A dificuldade mais relevante dizia respeito às condições de realização da Assembleia Geral de Credores (AGC).

No direito brasileiro, a AGC é um dos órgãos mais importantes do instituto da recuperação judicial,[13] cujas principais atribuições são deliberar sobre a aprovação, rejeição ou modificação do plano de recuperação judicial apresentado pelo devedor e a constituição do Comitê de Credores, a escolha de seus membros e sua substituição, além de qualquer outra matéria que possa afetar os interesses dos credores e da empresa.

---

[12] Disponível em: <www.recuperacaojudicialoi.com.br/wp-content/uploads/2018/07/Edital-Final-AJ-12_05-4MB.pdf>. Acesso em: 12 jan. 2019.
[13] Lei nº 11.101/2005 (Lei da Recuperação Judicial), art. 35, I.

Como referido, o número extraordinário de cerca de 92 mil interessados presentes, além dos limites estaduais e nacionais, os interesses de *bondholders* e de agentes econômicos, além das exigências do mercado colocavam em dúvida as condições da principal etapa do procedimento, implicando, assim, um importante entrave ao êxito do processo e, consequentemente, ao reerguimento da companhia.

Portanto, a principal razão que motivou o empreendimento ora retratado consistiu exatamente em identificar e implementar as condições necessárias para viabilizar a realização da AGC.

Em que pesem as formalidades inerentes ao processo e a necessidade de atendimento às rotinas da burocracia judiciária, o certo é que um caso com essas características não teria como ser tratado adequadamente se seguido o *standard* procedimental da Lei nº 11.101/2005.

Com efeito, se o processo pode ser concebido como garantia contramajoritária em relação ao Estado-juiz, consistindo em um direito constitucional para exercício de direitos, a própria natureza do processo restaria comprometida desde que a rigidez do procedimento-padrão pudesse justamente representar o obstáculo essencial à tutela recuperacional da empresa que recorria ao Judiciário e ao processo para o exercício desse mesmo direito.

Essa hipótese exemplifica a compreensão pelo legislador reformista de uma realidade social cada vez mais dinâmica e que exige constante aperfeiçoamento do direito e do processo para que possa cumprir a garantia expressa na Constituição, o que resultou, por exemplo, na ampliação das possibilidades de adaptação do procedimento no Código de Processo Civil (CPC/2015).[14]

---

[14] CPC/2015, art. 190.

A proposta de solução

A excepcional quantidade de peças de obrigatória instrução da inicial, como aquelas previstas no art. 51,[15] a apresentação de

---

[15] Lei nº 11.101/2005: "Art. 51. A petição inicial de recuperação judicial será instruída com: I - a exposição das causas concretas da situação patrimonial do devedor e das razões da crise econômico-financeira; II - as demonstrações contábeis relativas aos 3 (três) últimos exercícios sociais e as levantadas especialmente para instruir o pedido, confeccionadas com estrita observância da legislação societária aplicável e compostas obrigatoriamente de: a) balanço patrimonial; b) demonstração de resultados acumulados; c) demonstração do resultado desde o último exercício social; d) relatório gerencial de fluxo de caixa e de sua projeção; III - a relação nominal completa dos credores, inclusive aqueles por obrigação de fazer ou de dar, com a indicação do endereço de cada um, a natureza, a classificação e o valor atualizado do crédito, discriminando sua origem, o regime dos respectivos vencimentos e a indicação dos registros contábeis de cada transação pendente; IV - a relação integral dos empregados, em que constem as respectivas funções, salários, indenizações e outras parcelas a que têm direito, com o correspondente mês de competência, e a discriminação dos valores pendentes de pagamento; V - certidão de regularidade do devedor no Registro Público de Empresas, o ato constitutivo atualizado e as atas de nomeação dos atuais administradores; VI - a relação dos bens particulares dos sócios controladores e dos administradores do devedor; VII - os extratos atualizados das contas bancárias do devedor e de suas eventuais aplicações financeiras de qualquer modalidade, inclusive em fundos de investimento ou em bolsas de valores, emitidos pelas respectivas instituições financeiras; VIII - certidões dos cartórios de protestos situados na comarca do domicílio ou sede do devedor e naquelas onde possui filial; IX - a relação, subscrita pelo devedor, de todas as ações judiciais em que este figure como parte, inclusive as de natureza trabalhista, com a estimativa dos respectivos valores demandados. § 1º. Os documentos de escrituração contábil e demais relatórios auxiliares, na forma e no suporte previstos em lei, permanecerão à disposição do juízo, do administrador judicial e, mediante autorização judicial, de qualquer interessado. § 2º. Com relação à exigência prevista no inciso II do caput deste artigo, as microempresas e empresas de pequeno porte poderão apresentar livros e escrituração contábil simplificados nos termos da legislação específica. § 3º. O juiz poderá determinar o depósito em cartório dos documentos a que se referem os §§ 1º e 2º deste artigo ou de cópia destes".

contas demonstrativas mensais durante o processo[16] e a relação nominal de credores,[17] com discriminação dos valores atualizados e a classificação de cada crédito,[18] além dos pedidos de habitação e de todos os requisitos que isso exige, evidenciaram o dificílimo manuseio dos autos, mesmo que por sistemas informáticos, como aqueles que costumam ser utilizados pelos tribunais, especialmente os estaduais.

Com essa compreensão, os profissionais responsáveis pelo processo, incluídos o administrador judicial e os representantes da *holding*, em exercício de *management case* e de cooperação processual, encaminharam o caso ao Núcleo de Mediação do Tribunal de Justiça do Rio de Janeiro, órgão com atribuição para realizar as medidas de autocomposição nos processos judiciais.

Com o recebimento do caso, os profissionais do Núcleo de Mediação do Tribunal de Justiça, após a identificação das principais dificuldades e objetivos, passaram a trabalhar na concepção de um desenho de sistema de solução negociada de disputas.

Desde logo se compreendeu que o DSSD consistiria na instituição de uma fase autocompositiva antecedente à AGC e exigiria a constituição de uma entidade de infraestrutura com propósito específico para a execução do programa de tratamento.

Essa etapa do procedimento deveria ser escalonada em quatro fases: constituição da infraestrutura de propósito específico e adaptação do procedimento judicial; desenvol-

---

[16] Lei nº 11.101/2005: "Art. 52. [...] IV - determinará ao devedor a apresentação de contas demonstrativas mensais enquanto perdurar a recuperação judicial, sob pena de destituição de seus administradores".
[17] Disponível em: <www.recuperacaojudicialoi.com.br/pecas-processuais/>. Acesso em: 12 jan. 2019.
[18] Lei nº 11.101/2005, art. 52, § 1º, II.

vimento de sistema informático para acesso ao procedimento e negociação; atendimento presencial; e homologação e cumprimento do acordo.

Claims resolution facilities

A complexidade do caso Oi, como antes referido, implicava severos desafios à estrutura disponível à administração judicial e ao próprio órgão jurisdicional, além do comprometimento de importantes recursos públicos, com superlativa dificuldade para a tramitação judicial, o que colocava em risco a efetividade do processo e a funcionalidade do serviço judiciário, dedicado quase exclusivamente a esse caso. Por isso a busca por uma forma de solução admitida pelo sistema jurídico-processual.

As *claims resolution facilities*, originárias do direito norte-americano, podem ser apresentadas como entidades ou infraestruturas especialmente instituídas ou contratadas para a concepção, implementação, execução e gerenciamento de medidas de solução de conflitos complexos e multitudinários, o que se aplica ao caso ora retratado.

A escolha por esse modelo buscou atender às exigências de descentralização das atividades, com menor onerosidade aos tribunais e maior eficiência operacional, além da efetividade procedimental e resolutória.

É preciso esclarecer que os tribunais, mesmo o do Rio de Janeiro – o segundo maior do país, com cerca de 800 magistrados e 15 mil servidores – não teriam condições de administrar toda a operação necessária à solução antecipada das questões creditícias. A limitação de recursos e a ausência de *expertise* para o tratamento de casos de grande complexidade confirmaram a necessidade de compartilhamento dessas medidas com entidades privadas especializadas.

A análise da formalização da *facility*, isoladamente considerada, demonstra a prevalência, nesse caso, de uma concepção de processo participativo.

Instituída por acordo entre todos os interessados e validada pelo juízo, a *facility* deixa claro o amplo compartilhamento das funções e a cooperação entre os sujeitos processuais e auxiliares do juízo, identificando-se com o modelo contemporâneo de processo democrático constitucional.

Por se tratar de iniciativa então inédita no território nacional, o modo de instituição da *facility* seguiu o permissivo das convenções processuais previstas nos arts. 190, 191 e 200 do CPC/2015, tendo como fundamento normativo complementar o art. 139, especialmente em seus incisos II, IV e V do mesmo diploma.

A instituição da *facility* foi realizada com o atendimento a determinados requisitos desenvolvidos no DSSD.

Sistema digital – *ODR system*

A multiplicidade de interessados e a diversidade das hipóteses fático-jurídicas exigiram que o tratamento das questões fosse individualizado, razão pela qual o procedimento deveria ser necessariamente iniciado por meio de sistema informatizado (*ODR system*).

Para tanto, um sistema informático específico foi desenvolvido por profissionais da tecnologia da informação, contratados pela *facility*, tendo por base o DSSD elaborado pela equipe multidisciplinar coordenada pelo Núcleo de Mediação.

Os mediadores

Paralelamente ao desenvolvimento do DSSD, houve o processo de seleção e treinamento dos mediadores.

A *facility* ficou responsável pelo treinamento dos mediadores, previamente selecionados entre os credenciados nos tribunais estaduais.

Por meio de acordo de cooperação interinstitucional inédito, liderado pelo Núcleo de Mediação do Tribunal de Justiça do Rio de Janeiro e pelo Fórum Nacional de Mediação e Conciliação (Fonamec), entidade criada por determinação contida na Resolução nº 125/2010 do Conselho Nacional de Justiça (CNJ),[19] mediadores formados segundo os critérios estabelecidos pelo CNJ[20] e pela Escola Nacional de Formação e Aperfeiçoamento de Magistrados (Enfam), devidamente credenciados pelos núcleos de mediação dos tribunais estaduais, foram capacitados para participarem da operação com atuação no *ODR system*.

Desse modo, quando o sistema foi efetivamente disponibilizado ao público, todos os mediadores se encontravam habilitados ao trabalho. No total, mais de 1.300 mediadores foram cadastrados pelo sistema, 140 com efetiva atuação.

Sedes para atendimento presencial

Ao mesmo tempo, em nova frente de acordo de cooperação, os núcleos de mediação e os tribunais estaduais disponibilizaram

---

[19] Resolução nº 125/2010: "Art. 12-A. Os Presidentes de Tribunais de Justiça e de Tribunais Regionais Federais deverão indicar um magistrado para coordenar o respectivo Núcleo e representar o tribunal no respectivo Fórum de Coordenadores de Núcleos. (Incluído pela Emenda nº 2, de 08.03.16)".
[20] Resolução nº 125/2010, anexo I, Diretrizes Curriculares (redação dada pela Emenda nº 2, de 8/3/2016).

espaços próprios para instalação de polos de atendimento presencial aos credores. Além desses, outros polos foram providenciados e adequadamente preparados pela *facility*, a qual foi igualmente responsável pela estrutura e pelos recursos necessários.

No total, foram 40 pontos de atendimento em igual número de cidades do país, contemplando todas as capitais, além de postos itinerantes.

Com a infraestrutura do projeto definida e preparada, o modelo de tratamento do conflito recuperacional passou a ser implementado.

Procedimento

O emprego de técnicas de negociação voltadas para a autocomposição entre a empresa e os credores teve o objetivo imediato de viabilizar a realização da AGC, e a partir daí permitir a solução integral do mérito, em prazo sem excessos, incluída a atividade satisfativa – no caso, a recuperação da empresa.

O projeto de resolução foi dividido em quatro etapas, bem identificadas: instituição da *facility*, construção e disponibilização online do sistema operacional, atendimento presencial e homologação judicial.

A instituição da *facility*, como antes afirmado, foi realizada por ato negocial[21] – convenção processual – entre as partes e

---

[21] CPC/2015: "Art. 190. Versando o processo sobre direitos que admitam autocomposição, é lícito às partes plenamente capazes estipular mudanças no procedimento para ajustá-lo às especificidades da causa e convencionar sobre os seus ônus, poderes, faculdades e deveres processuais, antes ou durante o processo. Parágrafo único. De ofício ou a requerimento, o juiz controlará a validade das convenções previstas neste artigo, recusando-lhes aplicação somente nos casos de nulidade ou de inserção abusiva em contrato de adesão ou em que alguma parte se encontre em manifesta situação de vulnerabilidade".

validada judicialmente, tendo suas atividades de desenvolvimento e execução sob acompanhamento de uma equipe de gestão compartilhada.

O acesso à etapa preliminar de solução consensual ocorre por sistema online (*ODR system*). É preciso ressaltar que os advogados contam com acesso especial.

Nessa primeira etapa, de negociação automatizada, o interessado interage diretamente com o sistema em razão da utilização de modelo matemático com componentes de inteligência artificial e aprendizado de máquinas com capacidade de autorresolução.

Após identificação e credenciamento, o interessado ou seu advogado procediam ao *upload* dos documentos requeridos pelo próprio sistema. Com a validação dos documentos, o próprio sistema permite o acesso às opções de negociação previamente definidas de acordo com os parâmetros estabelecidos para a autocomposição.

A aceitação de uma das propostas oferecidas implica o reconhecimento dos termos do acordo e sua derivação para a homologação judicial, igualmente online.

Ultrapassada essa primeira fase e não alcançado o acordo, inicia-se imediatamente a negociação com representante da empresa, adequadamente preparado e com atribuição para solução efetiva.

Essa etapa da negociação ocorre ainda em ambiente online, e permite o esclarecimento de pontos de controvérsia, anexação de novos documentos (*discovery*) e estabelecimento de outras formas de solução.

De qualquer modo, não alcançado o acordo, o terceiro estágio de negociação tem início com a participação de mediadores, igualmente em sistema online.

As partes podem solicitar a intervenção de um facilitador, a ser escolhido aleatoriamente pelo próprio sistema, tendo lugar então a negociação assistida.

Ainda aqui, caso haja acordo, o caso é orientado para a homologação; caso contrário, ou sendo necessário maior esclarecimento ou apresentação de documento, o caso é encaminhado ao atendimento presencial.

A segunda etapa, consistente na derivação do atendimento online para o atendimento presencial, ocorre sempre que não houver condição para prosseguimento da negociação, por exemplo, a necessidade de verificação pessoal, de complementação de documentação padrão ou a própria inacessibilidade ao sistema.

O atendimento presencial e individualizado é agendado automaticamente pelo próprio sistema, disponibilizando as melhores opções de locais e horários aos usuários.

O atendimento presencial ocorre em locais próprios providenciados pela *facility* ou em dependências cedidas pelos tribunais por meio de acordos de cooperação.

Os profissionais participantes dessa etapa foram devidamente selecionados entre aqueles credenciados pelos tribunais e devidamente capacitados para o atendimento e continuidade das negociações, inclusive mediadores.

Nessa oportunidade, após a recuperação dos dados de identificação no sistema, os interessados e seus advogados podem apresentar suas razões ou dúvidas, complementar documentos (*discovery*) e receber as informações necessárias à continuação do procedimento de autocomposição.

A terceira etapa consiste na derivação dos acordos obtidos no sistema online ou no atendimento presencial diretamente à homologação judicial, o que também se dá em ambiente virtual.

A decisão de homologação em seguida é incluída nos autos eletrônicos, de modo a ser considerada para a realização da AGC. É importante ressaltar não haver custo para as partes, sendo assegurados os honorários dos advogados.

Como referido, o sistema disponibiliza parâmetros para tomadas de decisão no ambiente autocompositivo, baseados nas propostas de pagamento inicial e imediato de valor predeterminado e absolutamente isonômico, para classes indistintas de credores.

O acordo importou na adesão a *pacto de non petendo* que contemplava a representação do interessado na Assembleia Geral de Credores, o que tornou viável sua realização, superando, assim, um dos principais entraves à continuação do processo de recuperação e permitindo atingir o objetivo imediato do sistema.

Os resultados

O início da operação e a disponibilização pública do ODR *system* resultou, logo nas primeiras três semanas, no credenciamento de mais de 20 mil advogados, para os quais fora disponibilizado acesso privilegiado.

Aqui, é preciso consignar o incessante trabalho de divulgação e esclarecimento realizado pelas entidades responsáveis, em conjunto com as representações locais e regionais da Ordem dos Advogados do Brasil, medida essencial que permitiu a compreensão do modelo, sua usabilidade e os esclarecimentos necessários.

A plataforma registrou, nos primeiros dias de operação, cerca de 600 mil acessos e quase 4 milhões de visualizações, gerando mais de mil horas de *streaming* nas sessões online, e cerca de

500 GB de documentos e vídeos armazenados. Ao todo, mais de 1.500 sessões de facilitação online foram realizadas, por vídeo, chat e áudio.

O suporte ao sistema online envolveu o acompanhamento de 20 profissionais da equipe de tecnologia e 1.187 usuários de *backoffice* da Oi.

Ao final da primeira etapa do projeto, em dezembro de 2017, mais de 35 mil acordos haviam sido validados e homologados, com o pagamento imediato de valor superior a R$ 100 milhões a credores, no Brasil e em Portugal. Atualmente, este número supera os 46 mil acordos homologados.

É importante que se diga que tanto o treinamento quanto a remuneração dos mediadores, assim como a disponibilização dos locais de atendimento, foram realizados diretamente pela instituição contratada, sem aporte de recursos públicos.

A implementação do projeto e o início da operação foram precedidos de intensa divulgação pelos mais diversos meios de informação e comunicação, no Brasil e no exterior. A publicação constante de boletins informativos e o contato interinstitucional permanente proporcionaram as condições necessárias à compreensão da modelagem, de sua finalidade e dos procedimentos respectivos, assim como permitiram elucidar as principais dúvidas, o que evitou alterações cronológicas ou dissensos interruptivos.

O futuro

O aprendizado com o caso Oi permite o aproveitamento e replicação de vários de seus segmentos em outras iniciativas, nos diversos setores do sistema de justiça, como efeitos colaterais positivos de uma experiência pioneira que se mostrou exitosa.

A instituição de *claims resolution facilities* e sua institucionalização por meio de protocolos interinstitucionais[22] representam recurso a ser empregado no tratamento de demandas estratégicas e estruturais, multitudinárias, ou mesmo as relacionais, como as decorrentes de contratos de longo prazo, com tipologia limitada e escopo de soluções bem definido em standards decisórios dos tribunais.

Em direção a esta última hipótese, encontra-se em fase de implementação, com inspiração na *claim resolution facility*, o Centro Especializado de Tratamento dos Litígios da Saúde Suplementar, projeto conduzido no Rio de Janeiro pelo Núcleo de Mediação.

Além disso, os recursos tecnológicos produzidos para o caso Oi, cedidos por seu desenvolvedor ao Tribunal do Rio mediante

---

[22] CNJ. Resolução nº 125/2010: "Art. 6º. Para desenvolvimento dessa rede, caberá ao CNJ: (Redação dada pela Emenda nº 1, de 31.01.13): [...] V - Buscar a cooperação dos órgãos públicos competentes e das instituições públicas e privadas da área de ensino, para a criação de disciplinas que propiciem o surgimento da cultura da solução pacífica dos conflitos, bem como que, nas Escolas de Magistratura, haja módulo voltado aos métodos consensuais de solução de conflitos, no curso de iniciação funcional e no curso de aperfeiçoamento; VI - Estabelecer interlocução com a Ordem dos Advogados do Brasil, Defensorias Públicas, Procuradorias e Ministério Público, estimulando sua participação nos Centros Judiciários de Solução de Conflitos e Cidadania e valorizando a atuação na prevenção dos litígios; VII - realizar gestão junto às empresas, públicas e privadas, bem como junto às agências reguladoras de serviços públicos, a fim de implementar práticas autocompositivas e desenvolver acompanhamento estatístico, com a instituição de banco de dados para visualização de resultados, conferindo selo de qualidade; VIII - atuar junto aos entes públicos de modo a estimular a conciliação, em especial nas demandas que envolvam matérias sedimentadas pela jurisprudência; (Redação dada pela Emenda nº 2, de 08.03.16)".

convênio,[23] têm sido alocados, neste e em outros projetos, como no cadastramento dos facilitadores – mediadores e conciliadores –, bem como para o agendamento das sessões e o controle dos resultados, em plena execução.

O aplicativo e-Nupemec, resultado desse projeto, encontra--se disponível nas plataformas virtuais dos principais sistemas operacionais.

O desafio presente consiste na difusão da cultura da negociação e da autocomposição entre os grandes litigantes, assim como no estímulo ao emprego de técnicas diferenciadas, combinadas com institutos tradicionais do direito e do processo e com recursos tecnológicos, a fim de se dotar de eficiência o trânsito processual e a solução dos conflitos.

Há recursos jurídicos de direito material e processual que permitem e incentivam a instituição de instâncias *ante causam* de tratamento e resolução de conflitos, com a devida procedimentalização e formalidade asseguradoras de direitos e controle. Como ficou demonstrado, ainda que de modo sobranceiro, os institutos dos negócios jurídicos sobre o direito e o processo, o acesso antecipado aos dados de demonstração relevantes ao conhecimento do caso e a aplicação de recursos tecnológicos com componentes de inteligência artificial permitem a confecção de modelagens especialmente concebidas para o atendimento de questões complexas, com reduzida onerosidade aos envolvidos

---

[23] CNJ. Resolução nº 125/2010: "Art. 7º. Os tribunais deverão criar, no prazo de 30 dias, Núcleos Permanentes de Métodos Consensuais de Solução de Conflitos (Núcleos), coordenados por magistrados e compostos por magistrados da ativa ou aposentados e servidores, preferencialmente atuantes na área, com as seguintes atribuições, entre outras: (Redação dada pela Emenda nº 2, de 08.03.16): [...] VI - Propor ao Tribunal a realização de convênios e parcerias com entes públicos e privados para atender aos fins desta Resolução".

e aos órgãos públicos e expressiva diminuição de tempo, o que pode representar uma nova etapa na longa construção civilizatória das sociedades.

Iniciativas assim têm sido levadas adiante por meio de palestras, cursos e eventos realizados pelo Núcleo de Mediação, em conjunto com a Escola da Magistratura do Estado do Rio de Janeiro, contando com a participação de expositores nacionais e estrangeiros.[24]

Da mesma forma, pretende-se estender as experiências aos demais juízos e tribunais, como forma de contribuição para o melhor desempenho da Justiça no país.

Conclusões

A partir de uma interpretação inovadora do ordenamento jurídico vigente, notadamente dos institutos recentemente incorporados pelo CPC/2015, foi possível adaptar o processo previsto na Lei de Recuperação Judicial, adotados o sistema de justiça multiportas e o conceito amplo de acesso ao ordenamento jurídico justo.

A relação intersubjetiva entre os sujeitos do processo, assim como o emprego de recursos interdisciplinares, permitiu o desenvolvimento de um procedimento que se mostrou apto ao alcance da finalidade proposta.

Este talvez seja um tempo em que o Judiciário brasileiro possa demonstrar sua real vocação para a garantia de direitos e a solução dos conflitos. Mas também pode representar um

---

[24] Confira-se no endereço eletrônico do Fórum Permanente de Práticas Restaurativas e Mediação da Emerj. Disponível em: <www.emerj.tjrj.jus.br/paginas/forunspermanentes/areasdodireito.htm>. Acesso em: 12 fev. 2019.

tempo em que a cidadania se mostre presente e participativa nos processos decisórios que lhe digam respeito, agora também como agentes de transformação no processo e no sistema de justiça.

Referências

BRASIL. Lei nº 11.101, de 9 de fevereiro de 2005. Regula a recuperação judicial, a extrajudicial e a falência do empresário e da sociedade empresária. *Diário Oficial [da] República Federativa do Brasil*, Secretaria-Geral, Brasília, DF, 9 fev. 2005.

_____. Resolução CNJ nº 125, de 29 de novembro de 2010. Dispõe sobre a Política Judiciária Nacional de tratamento adequado dos conflitos de interesses no âmbito do Poder Judiciário e dá outras providências. *Diário da Justiça Eletrônico*, CNJ, n. 219, p. 2-24, 1 dez. 2010.

_____. Lei nº 13.105, de 16 de março de 2015. Código de Processo Civil (CPC). *Diário Oficial [da] República Federativa do Brasil*, Secretaria-Geral, Brasília, DF, 17 mar. 2015.

Mapeamento da plataforma Oi | FGV

Bárbara Bueno Brandão
Isabel Wanderley da Silveira Maldonado

Dados entidade/empresa

1. **Nome da entidade/empresa/estrutura**: FGV | Programa para acordo com credores do Grupo Oi.
2. **Endereço**: *****
3. **Website**: <www.credor.oi.com.br/>.
4. **Tempo de atividade da entidade/empresa**: 76 anos.
5. **Nome do(a) entrevistado(a)**: Bárbara Bueno Brandão e Isabel Wanderley da Silveira Maldonado.
6. **Função/cargo do(a) entrevistado(a)**: gestora de mediadores na FGV Mediação; consultora de produtos e projetos na FGV Conhecimento.
7. **Período na função**: agosto/2017 até o presente.
8. **Data da entrevista**: 9/4/2021.

Mecanismo – ODR

9. **Qual(is) o(s) método(s) adequado(s) de solução de conflitos previsto(s)?**
   Negociação, conciliação e mediação.

10. **Houve a combinação de atuação humana e tecnológica? Ou o sistema é totalmente automatizado? Poderia fazer uma breve descrição?**

Houve combinação de atuação humana e tecnológica. Para operacionalização do programa, diferentes canais online e presenciais foram implementados em atenção à capilaridade, acessibilidade e eficiência que o contexto exigia. Assim, a gestão do programa foi realizada por meio de uma plataforma digital e de um programa desenvolvido em mais de 40 postos físicos de atenção e atendimento aos credores em todo o país, com equipe de profissionais atuando tanto em âmbito virtual quanto nos postos presenciais.

11. **Qual era/é o fluxo para a resolução de conflitos (fluxograma)?**

Os credores se cadastravam em uma plataforma online, com base na lista publicada e oficial de credores, tinham acesso seguro a uma proposta automatizada e personalizada pelo próprio sistema com referência na base de dados oficial dos credores e informações de todos os atores envolvidos (empresa, advogados, Ministério Público e Judiciário). Tal proposta era oferecida pela empresa em recuperação judicial como primeiro passo e, caso não fosse satisfatória, os credores tinham a oportunidade de solicitar uma sessão de facilitação (mediação ou conciliação) online podendo conectar-se da sua casa ou mesmo comparecer pessoalmente a algum dos mais de 40 postos de atendimentos espalhados por todo o Brasil e Portugal. Em caso de acordo, a própria plataforma minutava automaticamente e de forma personalizada o acordo e, com a aprovação de todos, os valores eram pagos diretamente pela plataforma aos credores e os acordos eram encaminhados à homologação pelo juízo competente.

12. **Houve interação com os outros órgãos, como o Judiciário, agências reguladoras e Procons?**

O projeto foi desenvolvido a partir de técnicas de desenho de sistemas de resolução de disputas no âmbito da recuperação judicial do Grupo Oi com a participação e aprovação prévia do Ministério

Público, bem como do Juízo Universal da Recuperação Judicial (7ª Vara Empresarial da Comarca da Capital do Rio de Janeiro), além de outros atores relevantes, como TRT-RJ.

13. **Há integração com outra(s) plataforma(s)? Como isso funciona?**
    Sim. Houve integração com uma plataforma interna da Oi que fazia análise de documentos.
14. **Foram previstas ferramentas de acessibilidade digital na plataforma? Para atender quais necessidades (p. ex. visuais, auditivas, outras)?**
    Não.
15. **Foi elaborado um guia do usuário para acesso à plataforma?**
    Foram realizados treinamentos com os mediadores e equipe interna da recuperanda.
16. **Quais eram os objetivos da construção da ODR?**
    Principais objetivos: 1) pacificação de conflitos entre recuperanda e credores, 2) viabilizar a participação de cidadãos que não teriam acesso de outra maneira e 3) a viabilização da assembleia geral de credores, o que era um grande desafio em razão do cenário de grande extensão territorial e com peculiaridades da insolvência.

Descritivo

17. **Quais foram os critérios para eleger os conflitos que seriam tratados via ODR (territorial, nível de complexidade, vínculo das partes, natureza do direito)?**
    Natureza do direito.
18. **A ODR foi pensada para um período determinado ou é uma política da empresa?**
    Foi pensada exclusivamente para a recuperação judicial da empresa.
19. **Como foi viabilizada financeiramente a operacionalização da ODR?**
    Questão interna da Oi.

20. **Para qual perfil de partes o sistema foi projetado?**
    Perfil recuperanda, credores, advogados e mediadores.
21. **Quais eram os atores, além das partes, que compunham o sistema?**
    Credores do Grupo Oi, de forma direta e indireta, a sociedade como um todo, além do Poder Judiciário, Ministério Público, advogados e da própria empresa recuperanda em si.
22. **Qual a natureza da decisão (vinculante ou não vinculante)?**
    Vinculante.
23. **Poderia descrever um caso real para fins ilustrativos (com a anonimização dos dados das partes, se preciso)?**
    Na fase I do projeto, todos os casos tratavam de credores de alguma empresa do Grupo Oi, com crédito líquido, decorrente de sentença judicial transitada em julgado e que constavam da lista do administrador judicial.

Resultados

24. **Qual é o número de casos processados desde a criação da ODR?**
    Mais de 87 mil credores cadastrados (dados atualizados em janeiro de 2022).
25. **Qual a média de novos casos por ano?**
    Não se aplica ao caso.
26. **Qual o percentual de acordos?**
    Mais de 58 mil acordos validados (dados atualizados em janeiro de 2022).
27. **Os usuários costumam retornar à plataforma para solucionar outros casos?**
    Sim.
28. **Há usuários permanentes?**
    Não se aplica ao caso.

29. **O que a ODR representou/representa em termos de otimização da gestão empresarial?**

    A ODR representou principalmente o acesso à Justiça para mais de 50 mil credores no Brasil e no exterior, a custo zero para usuários. Do outro lado, para a empresa em recuperação judicial, foi possível viabilizar a assembleia de credores (com números sem precedentes), limpar em mais de 90% sua lista de débitos, além de manter relações continuadas saudáveis com clientes, fornecedores e trabalhadores, tudo isso sem contar com o ganho de imagem e credibilidade perante o mercado. Como consequência, em pouco tempo milhares de processos judiciais foram finalizados, desonerando o Judiciário de tramitar tais disputas e com um resultado positivo e efetivo para todos os envolvidos.

30. **Qual o perfil de parte que mais acessou o sistema?**

    O credor da Oi e o seu respectivo advogado.

31. **Quais as medidas de transparência adotadas?**

    Foi um trabalho de diálogo, envolvimento de todas as partes interessadas, integração das preocupações das instituições envolvidas, além da demonstração da consistência jurídica do modelo proposto, demonstrando assim a transparência e gerando a credibilidade das instituições.

32. **Foram necessários ajustes ao longo da resolução de conflitos? Em caso positivo, de que ordem foram essas adequações (administrativa, método escolhido ou procedimental, entre outros)?**

    Sim. Houve ajustes para adequar as plataformas às necessidades de cada momento. Por exemplo, para a opção de pagamento, PEX, incidentes, cada um foi uma customização com regras específicas.

33. **Foram realizadas adaptações em razão da LGPD?**

    A partir de 2019, o termo de privacidade, no acesso à plataforma, foi adequado à LGPD.

Posfácio

A leitura deste livro, organizado por Juliana Loss e Daniel Arbix, traz muitas inquietações. Não é para menos: a velocidade e a profundidade das mudanças nele descritas são surpreendentes, apesar de, nos dias de hoje, já estarmos nos acostumando com o ritmo alucinante das transformações tecnológicas. A propósito, cabe um breve relato pessoal.

No final dos anos 1960, ainda criança, fui apresentado ao relógio de pulso. Era algo em que se precisava "dar corda", girando manualmente sua coroa de tempos em tempos. Se você esquecia, ele parava. Somente no final dos anos 1970 apareceram os tais "relógios automáticos", que funcionavam somente com os movimentos do usuário. Relógio digital, daqueles sem ponteiro, mas com bateria, que mostra as horas em números, vim a ter um apenas em meados dos anos 1980. E ainda não era de tela de cristal líquido, que apareceu só um pouco depois. As transformações a esse respeito, vale observar, não foram pequenas nem vagarosas, mas em nada comparáveis com a entrada da informática em cena.

Comprei meu primeiro computador em 1991, um daqueles chamados de "XP com tela de fósforo verde". Cinco anos depois, já estava conectado à internet – com outro equipamento, claro!

Desde então, só correria para aprender a usar programas novos e atualizar equipamentos, obsoletos sempre mais rapidamente. Do velho Orkut às redes sociais da atualidade foi um pulo, e os impactos delas para a sociedade contemporânea continuam mal percebidos e entendidos.

No Tribunal de Justiça do Estado de São Paulo, onde trabalho, em 2015 implantaram o processo digital, de forma gradual. Hoje, pouco mais de seis anos depois, apenas um número pequeno de processos, mais velhos, ainda não digitalizados, são físicos. Quando, em março de 2020, tudo fechou com a pandemia de Covid-19, em uma semana todo o serviço jurisdicional do Estado estava sendo feito online, e não demorou muito para que sessões de julgamento e audiências também estivessem sendo realizadas remotamente.

Os vívidos relatos trazidos por este livro, a respeito de *online dispute resolution* (ODR), deixam uma forte impressão acerca das transformações tecnológicas na área de solução de conflitos. Afinal, têm o grande mérito de serem feitos por pessoas que estão na frente de batalha das inovações tecnológicas, seja na implantação de serviços desse gênero, seja no estudo desses mecanismos. Com isso, impossível não pensar nessas transformações todas que, de alguma maneira, moldam nosso próprio modo de vida, nossas percepções e, por que não dizer, nossas crenças.

Talvez pela rapidez e pela forte repercussão dessas mudanças, lendo este livro, veio à minha cabeça uma frase de Shakespeare, expressa na boca de Hamlet: "Prontidão é tudo!" (*"Readiness is all!"*).[1]

Essa frase, se bem entendida, aponta para o dilema que acompanha o personagem por todo o enredo: *agir* ou *não agir*.

---

[1] SHAKESPEARE, William. *Hamlet*. Trad. Lawrence Flores Pereira. São Paulo: Companhia das Letras, 2015. p. 188. Penguin Classics, n. 233.

Nesse sentido, a prontidão de que se trata é a *prontidão para agir*, ainda que sem a possibilidade de pensar com mais vagar. Ela é fundamental, para propiciar a tomada da decisão no instante adequado. Para o personagem, no contexto da narrativa, ainda mais, porque relacionada com uma possibilidade de fracasso e morte.

A tecnologia, me parece, desafia a prontidão do homem contemporâneo em duplo sentido. Primeiro, por exigir-lhe decisões em tempos muito curtos. O *agir*, muitas vezes expresso em um clique no botão de um programa ou aplicativo, é exigido em poucos segundos. Segundo, por submeter-lhe a uma velocidade de inovações e transformações sem precedentes, colocando em xeque sua capacidade de dar significado a todo esse volume de mudanças. A prontidão do personagem criado há mais de 400 anos, seguramente, não é diversa daquela da atualidade, mas comporta uma complexidade muito menor.

As ODRs, enquanto instrumentos tecnológicos, desafiam de forma bastante intensa nossa prontidão. Não apenas pela sofisticação dos mecanismos de informática que utiliza ou pode utilizar, mas também pela complexidade das situações, valores e normas que envolve. Não é para menos, pois lida com conflitos, algo que sempre pode gerar tensões e as mais inusitadas reações. Com isso, também tangencia valores importantes, como justiça, igualdade, verdade etc. Ainda mais, coloca em questão preceitos normativos fundamentais, como validade jurídica, competência territorial, capacidade de partes, devido processo legal, contraditório e assim por diante. Nessa matéria, portanto, uma questão se impõe: quais impactos esperar desse tipo de tecnologia na vida das pessoas? Na maneira como ela se organiza individual e coletivamente?

Há, claro, *o melhor dos mundos*. Aquele da perspectiva dos resultados positivos, que juntam a satisfação do usuário e a eficiência do provedor do serviço. (Deste ponto em diante, faço algumas reflexões, em grande parte extraídas dos relatos deste livro, mas, para evitar qualquer constrangimento, deixo ao leitor a tarefa de, eventualmente, ligá-las às experiências aqui estudadas.)

Esse *melhor dos mundos* é o da conciliação de objetivos díspares, algumas vezes antagônicos mesmo.

Vamos considerar uma situação bem básica: o consumidor recebeu o produto comprado, mas o aparelho não funciona ou apresenta um defeito grave. Além do produto em si, o consumidor avalia que sofreu um dano, pois não pode usar o aparelho na ocasião para a qual o havia comprado, uma festa, por exemplo. Para resolver seu problema, acessa a ODR do fornecedor.

Respondidas algumas poucas perguntas básicas, o programa identifica qual o fluxo adequado para encaminhar o problema, o sistema localiza o tipo de queixa e a linha mediana das soluções alcançadas anteriormente em casos semelhantes, identifica a resposta estatisticamente mais bem aceita pelo consumidor e lança uma proposta. A probabilidade de aceitação é grande. Não deu certo? Outras alternativas são apresentadas, troca do produto, devolução do dinheiro ou estorno do débito no cartão, crédito para nova compra. Claro, como estamos no *melhor dos mundos*, cada alternativa vem acompanhada de suficiente informação necessária para uma decisão informada pelo consumidor. Algo que, também, já foi previamente mapeado pelo sistema.

O programa ainda precisa responder pelo dano adicional reclamado pelo usuário. Basta um pedido de desculpas? Se sim, o próprio sistema automaticamente emite um comunicado da empresa nesse sentido. Ainda não é o suficiente? O que poderia reparar o consumidor insatisfeito? Um vale-compras, um desconto para compras futuras ou um brinde são possibilidades.

Nessa perspectiva, todos ganham. A empresa manteve a venda ou reduziu os custos de corrigir uma falha no produto vendido, possivelmente ainda mantendo ou até ampliando a fidelidade de seu cliente. O consumidor foi atendido, mantendo ou desfazendo sua compra e obtendo uma reparação para o dano que entende ter sofrido, ainda que mediante um simples pedido de desculpas.

Outra possibilidade seria tudo isso ser intermediado por uma instituição estatal, apta a fazer a aproximação entre as partes envolvidas. Como estamos no *melhor dos mundos*, se nada desse certo, um assistente automático ajudaria o consumidor a ingressar com um processo no Juizado Especial Cível.

Agora, há também o *pior dos mundos*, no qual todos esses recursos são utilizados somente para potencializar as assimetrias entre partes e alcançar apenas os objetivos da parte mais empoderada. Nesse mundo, o intuito é fazer prevalecer o interesse do operador do sistema ou de quem paga por ele. Vamos colocar nessa perspectiva a situação trabalhada acima.

Como já se percebeu, com mecanismos de *machine learning* ou não, boa parcela dos consumidores tem dificuldades de entrar e avançar em plataformas digitais. Já se percebeu, também, que essas dificuldades não se traduzem em uma procura maior, pelos prejudicados, de juizados ou órgãos públicos, como os Procons. Assim, nesse mundo, um longo cadastro eletrônico espera o consumidor de nosso exemplo. Claro, o formulário a ser preenchido será daqueles de várias páginas, nas quais só se avança ao completar a anterior e em que são solicitados dados de discutível utilidade e difícil disponibilidade.

Digamos, porém, que o consumidor vença essa primeira etapa do cadastro eletrônico. À espera dele estarão sofisticados mecanismos moldados a partir de dados que o operador do sistema detém. Por meio deles se pode saber, por exemplo, não apenas o acordo mais facilmente aceito, mas a maneira pela qual ele é mais obtido com maior facilidade. É possível levar o usuário, por exemplo, a decidir rápido, reduzindo-lhe o tempo de resposta. Ou, ao contrário, cansá-lo mais no manejo do sistema, para que, com o cansaço, acabe aceitando qualquer coisa.

Com o aprendizado de máquina, o provedor da ODR pode conhecer ainda, estatisticamente, alguns condicionantes sutis, mas importantes, do comportamento do consumidor. Por exemplo, o consumidor em geral reage melhor a vozes e imagens femininas ou masculinas? Há também ampla possibilidade de identificação das reações do usuário, mudando automaticamente o caminho para solução da controvérsia, sempre buscando o melhor *empurrãozinho* para uma decisão mais favorável da parte daquele.

Destaque-se, ainda, que o aparato eletrônico pode atuar como um assistente do usuário, fornecendo-lhe informações e, evidentemente, selecionando-as, conforme o interesse do fornecedor do serviço. No fim, o consumidor pode obter uma solução – que nem sempre é propriamente um "acordo" –, não importando sua qualidade ou a aderência aos interesses daquele. Não se chegou a uma solução? Claro, no *pior dos mundos*, o consumidor não terá também qualquer registro do procedimento percorrido, para poder demonstrar seu interesse ou dano moral em eventual litígio judicial.

Como pode acontecer no *melhor dos mundos*, no *pior* tudo isso pode também acontecer com a intermediação do poder público e até por mecanismos acoplados ao Judiciário. Nesse caso, o que poderia ser uma ajuda para a parte mais vulnerável, pode virar mais uma barreira para o acesso à Justiça, como recentemente se tentou em iniciativas legislativas.

Nessa contraposição de *mundos*, pode-se argumentar que a concorrência de mercado é um antídoto contra o *pior* deles. Verdade. A concorrência perfeita pode mesmo levar a um círculo virtuoso, no qual os concorrentes busquem ferramentas cada vez mais amigáveis ao consumidor, com a finalidade de atrair seus potenciais clientes. No entanto, falhas de mercado podem pôr tudo a perder. Práticas monopolísticas, em setores muito concentrados, monopólios naturais, como ocorrem em serviços públicos privatizados, e falhas de informação, comuns em cenários de consumo de muita dispersão, podem enfraquecer ou mesmo neutralizar os "remédios de mercado".

Isso tudo nos leva de volta à recomendação de Shakespeare: "Prontidão é tudo!".

As ODRs e as amplas possibilidades tecnológicas que elas incorporam apresentam horizontes bastante benéficos, podendo propiciar soluções eficientes e, também, de qualidade na gestão e na solução de conflitos. Porém podem produzir resultados negativos, reforçando assimetrias entre partes e afastando as soluções alcançadas de qualquer sentido de justiça.

Daí a necessidade de prontidão. Ela, no caso, nos indica a necessidade de uma consideração crítica dos mecanismos tecnológicos envolvidos, de modo que sejam pensados com o devido cuidado, seja na posição de simples usuários, seja para aqueles envolvidos em iniciativas públicas ou privadas, visando aumentar a difusão de informações e, por consequência, a transparência no funcionamento desse tipo de mecanismo.

Este livro cumpre a função de qualificar o debate em torno das ODRs, trazendo ao público um levantamento, acompanhado de descrições autênticas e instigantes, de vários dos mais importantes mecanismos dessa área em atuação no Brasil. Em outras palavras, aumenta a prontidão do público para o tema tratado! Tenho certeza de que os leitores muito ganharão com as discussões alimentadas por esta obra.

Carlos Alberto de Salles
Professor associado da Faculdade de Direito da USP
Desembargador do TJSP

Sobre os autores

Alexandre Augusto Dias Ramos Huffell Viola

Fundador da Justto, graduado em ciências jurídicas e sociais pela Pontifícia Universidade Católica do Rio Grande do Sul (PUC-RS), pós-graduado em análise econômica do direito pela Universidade Federal do Rio Grande do Sul (UFRGS) e mestre (LL.M) em *law & economics* pelas universidades de Bolonha (Itália), Hamburgo (Alemanha) e Roterdã (Holanda).

Ana Paula Brandt Dalle Laste

Especialista em métodos adequados de solução de conflitos. Advogada e mediadora judicial cadastrada no Tribunal de Justiça do Estado do Rio de Janeiro (TJRJ). Mediadora e gestora dos procedimentos consensuais da Loss Andrade. Consultora da iniciativa FGV Mediação. Advogada colaborativa pelo Instituto Brasileiro de Práticas Colaborativas (IBPC). Coordenadora de relações institucionais da Comissão de Mediação e Métodos Consensuais da OAB-RJ. Advogada especialista em penal e processo penal pela Universidade do Vale do Itajaí (Univali).

Bárbara Bueno Brandão

Advogada especialista em métodos adequados de solução de conflitos e mediadora certificada pelo Instituto de Certificação e Formação de Mediadores Lusófonos (ICFML), cadastrada no Tribunal de Justiça do Estado do Rio de Janeiro (TJRJ). Coordenadora executiva da CMC OAB (RJ). Consultora na iniciativa FGV Mediação.

Carlos Savoy

Mediador e conciliador judicial. Bacharel em direito pela Universidade Paulista (Unip). Trabalha desde 2010 na área de mediação de conflitos e direitos humanos, atuando como mediador, instrutor e consultor em gestão de conflitos, desenvolvendo e incentivando as *online dispute resolutions* (ODRs) no Brasil. Atualmente é CEO da SBB Soluções, empresa credenciada junto ao Tribunal de Justiça de São Paulo (TJSP), coordenador da Câmara Intersindical de Mediação de Conflitos (Cimec) e gestor de processos do Centro Integrado de Soluções de Conflitos de Angola (Harmonia).

César Cury

Desembargador do Tribunal de Justiça do Estado do Rio de Janeiro (TJRJ). Presidente do Núcleo Permanente de Métodos Consensuais de Solução de Conflitos. Membro da Comissão de Acesso à Justiça do Conselho Nacional de Justiça (CNJ). Mestre e doutorando em direito. Coordenador e professor da

Escola da Magistratura do Estado do Rio de Janeiro (Emerj). Presidente do Fórum Permanente e coordenador do Núcleo de Estudos e Pesquisas em Mediação da Emerj. Diretor de métodos consensuais do Instituto dos Magistrados do Brasil (IMB) e da Associação dos Magistrados Brasileiros (AMB). Membro efetivo do Instituto Brasileiro de Direito Processual (IBDP). Membro de Diretoria de Conciliação e Mediação e do Conselho de Inovação da AMB. Professor convidado da pós-graduação *lato sensu* (direito processual civil) da Universidade do Estado do Rio de Janeiro (Uerj). Membro da Comissão de Mediação, Conciliação e Arbitragem do Instituto dos Advogados Brasileiros (IAB). Professor da pós-graduação *lato sensu* da Universidade Estácio de Sá (Unesa). Membro do grupo decisório do Centro de Inteligência do TJRJ.

Fernanda Bragança

Doutora em ciências jurídicas e sociais pela Universidade Federal Fluminense (UFF). Pesquisadora visitante na Université Paris 1 Panthéon Sorbonne. Advogada e consultora em soluções negociadas de conflitos. Pesquisadora do Centro de Inovação, Administração e Pesquisa do Judiciário da Fundação Getulio Vargas (FGV CIAPJ). Professora convidada de cursos de pós-graduação *lato sensu*. Coordenadora de ensino e pesquisa da Comissão de Mediação e Métodos Consensuais da OAB-RJ.

Isabel Wanderley da Silveira Maldonado

Mestre em ciências da computação pela Universidade Federal de Pernambuco (UFPE), com 21 anos de experiência em desenvolvimento de software e liderança de equipes, tendo atuado, nos últimos 16 anos, com gestão de projetos e sete anos em gestão de produtos. Certificada PMP e *scrum master*. Atualmente, é consultora de produtos e projetos na iniciativa FGV Conhecimento.

Isabela Maiolino

Mestre e doutoranda em direito pela Universidade de Brasília (UnB). Bacharel em direito pelo Instituto Brasiliense de Direito Público. Foi assistente do Conselho Administrativo de Defesa Econômica (2015-2018), assessora e chefe de gabinete da Secretaria Nacional do Consumidor (2019-2020). Atualmente, é coordenadora-geral de normatização da Autoridade Nacional de Proteção de Dados (ANPD).

Lorena Tamanini Rocha Tavares

Advogada e consultora para o tema da centralidade no cliente e uso de plataformas digitais voltadas para a prevenção e solução de conflitos de consumo. Foi diretora do Departamento de Proteção e Defesa do Consumidor (DPDC) e coordenadora-geral do Sistema Nacional de Informações de Defesa do Consumidor (Sindec) na Secretaria Nacional do Consumidor (Senacon), no Ministério da Justiça e Segurança Pública (MJSP), no período em que liderou o projeto de criação da plataforma Consumidor.gov.br.

Luciano Timm

Professor da Fundação Getulio Vargas em São Paulo (FGV-SP) das matérias de direito e economia, direito e desenvolvimento e direito e regulação econômica e também do Instituto de Direito Público (IDP) de Brasília e do Cedes (SP). Sócio do escritório Carvalho, Machado e Timm Advogados. Ex-secretário nacional do Consumidor (Ministério da Justiça). Integrou também o Conselho Nacional de Defesa do Consumidor (CNDC) e a Comissão de Precedentes do Conselho Nacional de Justiça (CNJ). Pós-doutorado no Departamento de Direito, Economia e Negócios da Universidade da Califórnia (Berkeley). Doutorado em direito dos negócios e da integração regional pela Universidade Federal do Rio Grande do Sul (UFRGS). LL.M em direito econômico internacional pela Universidade de Warwick (bolsista do British Council). Mestrado em direito privado pela UFRGS.

Melissa Gava

Fundadora e CEO da MOL — Mediação Online. Formada em ciências sociais pela Pontifícia Universidade Católica de São Paulo (PUC-SP) e em direito pela Sapienza Università di Roma (Itália). Foi bolsista do programa Sócrates-Erasmus na Sorbonne Paris 1, na França, e cursou ODR na New York University e na Harvard Extension School (EUA).

Michelle Marie Morcos

CEO da Justto, advogada formada pela Universidade de São Paulo (USP) com pós-graduação em *law & economics* pela Universidade de Roterdã (Holanda).

Renata Braga

Pós-doutora pelo Instituto de Filosofia e Ciências Sociais da Universidade Federal do Rio de Janeiro (IFCS/UFRJ), pelo Centro de Direitos Humanos da Universidade de Coimbra e pelo Instituto de Medicina Social da Universidade do Estado do Rio de Janeiro (IMS/Uerj). Doutora em direito pela Universidade Federal de Santa Catarina (UFSC). Mestre em direito civil pela Uerj. Professora adjunta do curso de direito da Universidade Federal Fluminense (PUVR/ICHS/UFF). Coordenadora e pesquisadora do projeto MeditaUFF e do Grupo de Pesquisa em Métodos Consensuais de Solução de Conflitos (Gemesc/UFF-VR). Pesquisadora colaboradora no Centro de Inovação, Administração e Pesquisa do Poder Judiciário. Mediadora judicial certificada.

Ricardo Lagreca Siqueira

Mestre em direito internacional e graduado em direito pela Universidade de São Paulo (USP). Agraciado com o prêmio "Conciliar é Legal", promovido pelo Conselho Nacional de Justiça (CNJ) nos anos 2016 e 2012. Advogado com mais de 25 anos de experiência em escritórios de advocacia e empresas. Atualmente é diretor sênior jurídico e de relações governamentais no Mercado Livre.

Vicente Martins Prata Braga

Doutor em direito pela Universidade de São Paulo (USP). Mestre em direito e gestão de conflitos e graduado em direito pela Universidade de Fortaleza (Unifor). Procurador do estado do Ceará. Advogado e criador da plataforma virtual eConciliar, de conciliação de processos judiciais.

Este livro foi impresso nas oficinas gráficas da Editora Vozes Ltda.,
Rua Frei Luís, 100 – Petrópolis, RJ.